Ciudad y territorio entre los Mayas

Ciudad y territorio entre los Mayas

Historia de las teorías sobre el espacio urbano

Daniel Schávelzon

BAR International Series 1316
2004

Published in 2016 by
BAR Publishing, Oxford

BAR International Series 1316

Ciudad y territorio entre los Mayas

ISBN 978 1 84171 385 4

© D Schávelzon and the Publisher 2004

Volume Editor: John W Hedges

The author's moral rights under the 1988 UK Copyright,
Designs and Patents Act are hereby expressly asserted.

All rights reserved. No part of this work may be copied, reproduced, stored,
sold, distributed, scanned, saved in any form of digital format or transmitted
in any form digitally, without the written permission of the Publisher.

BAR Publishing is the trading name of British Archaeological Reports (Oxford) Ltd.
British Archaeological Reports was first incorporated in 1974 to publish the BAR
Series, International and British. In 1992 Hadrian Books Ltd became part of the BAR
group. This volume was originally published by John and Erica Hedges Ltd. in
conjunction with British Archaeological Reports (Oxford) Ltd / Hadrian Books Ltd,
the Series principal publisher, in 2004. This present volume is published by BAR
Publishing, 2016.

Printed in England

PUBLISHING

BAR titles are available from:

BAR Publishing
122 Banbury Rd, Oxford, OX2 7BP, UK
EMAIL info@barpublishing.com
PHONE +44 (0)1865 310431
FAX +44 (0)1865 316916
www.barpublishing.com

Indice

Prólogo, *por Bernd Fahmel Beyer*		III
Resumen-Abstract		V
I.	Presentación: La construcción de un conocimiento	1
II.	Las ciudades mayas y su territorio en la Ilustración (1760-1825)	4
III.	Las ciudades ante los primeros viajeros y exploradores (1825-1885)	8
IV.	Ciudad y territorio para la arqueología temprana (1885-1920)	11
V.	Los primeros modelos teóricos para entender los asentamientos y su entorno (1920-1950)	18
VI.	Los estudios de patrones de asentamiento y sus resultados (1950-1970)	39
VII.	Hacia el reconocimiento de los asentamientos y el territorio maya (1970-1990)	48
VIII.	El territorio y los asentamientos mayas en la actualidad	62
	- Marxismo, Ecología Cultural y la renovación de la arqueología de las ciudades	63
	- El estado actual del tema y los nuevos problemas	64
	- Algunas últimas consideraciones	73
IX.	Bibliografía	76
X.	Indice de ilustraciones	97

Prólogo

El interés por los asentamientos de la América indígena dio inicio con el descubrimiento del Nuevo Mundo, aunque fue en los siglos XIX y XX que éstos se estudiaron con mayor detenimiento. Lo que observaron los primeros europeos como ciudades vivas y coloridas poco tiene que ver con las ruinas que se escondían entre las selvas, en espera de la curiosidad de los científicos educados durante la Ilustración un par de siglos más tarde. Sin embargo, en aquel entonces esos sitios también fueron considerados como ciudades con casas, palacios y calles, a pesar de que la tipología de sus arquitectura no coincidía estrictamente con lo que se conocía en el Viejo Mundo.

Con estos antecedentes, Daniel Schávelzon nos introduce a un fascinante viaje por el área maya, explicándonos cómo fue cambiando la manera de ver las cosas entre los investigadores y qué es lo que sabemos a la fecha sobre las ciudades mayas. Conocido como uno de los más destacados especialistas en lo que concierne a la arquitectura prehispánica de Mesoamérica, en este libro nos sorprende con una visión comprehensiva de la civilización maya que trasciende los temas que ha abordado en otros trabajos. Y es que ésta, con toda su riqueza y diversidad regional, es una y al mismo tiempo parte de la civilización mesoamericana.

Frente a este trasfondo es fácil entender el por qué de una pregunta que se hace una y otra vez, es decir, ¿por qué se sigue hablando de centros ceremoniales y no de ciudades en el discurso popular sobre los mayas? Sin entrar en más detalles alude a la necesidad que enfrentan las clases gobernantes de un país para construir la historia nacional, y cómo el pasado prehispánico es garante de la identidad mexicana. En este cometido, empero, suele suceder que por admirar los grandes monumentos se excluye a los indígenas de hoy, tal y como se hace al desconocer a la gente que residía en y alrededor de los grandes sitios arqueológicos.

Por otro lado está la noción de un gran territorio con innumerables agrupaciones de arquitectura monumental y de extensas selvas que favorecían la práctica de una agricultura de roza y quema. A este respecto, el análisis de las jerarquías de sitios y la distribución espacial de éstos, los estilos arquitectónicos compartidos y la epigrafía se pronuncian a favor de una serie de relaciones muy estrechas entre los sitios de las diversas regiones, e incluso de la lucha por los espacios que algunos de ellos se adjudicaron. Más aún, el relevo de los diversos ecosistemas que presenta la península de Yucatán, el Petén y las Tierras Altas de Guatemala demuestra la imposibilidad de hablar de una sola forma de vida entre los mayas prehispánicos, y de cómo la etnogrfía ha contribuido a la elaboreión de una visión romántica del pasado. Junto con las distintas formas de aprovechar los recursos naturales de una manera intensiva se puede hablar hoy de variadas formas de interacción social que quedaron plasmadas en las diferentes maneras de organizar la infraestructura urbana.

A pesar de las discusiones que han generado estos hallazgos entre los investigadores, no queda duda que con el tiempo se podrá hablar de una forma de vida urbana entre los antiguos mayas. La motivación de este libro, sin embargo, no parece surgir de la necesidad de dar una solución a esta vieja polémica, si no de la toma de conciencia de lo que ésta implica para el registro arqueológico. Por su larga trayectoria y el profundo conocimiento de la planimetría mesoamericana, Daniel Schávelzon sabe muy bien que la dinámica cotidiana es mucho más rápida que la del mundo de las ideas y que por ende son muchos los sitios prehispánicos que han pagado las consecuencias. Como ejemplo se puede mencionar a Teotihuacán y a Kaminaljuyú en las tierras altas de México y Guatemala. Una gran parte de la información que permitiría entender mejor a estos sitios se ha perdido por la ignorancia y el descuido. En este sentido es de esperarse que un libro como éste fomente el interés por las formas de vida ancestrales y la riqueza de la experiencia humana, con el fin de preservar a éstas para las futuras generaciones.

Bernd Fahmel Beyer
Instituto de Investigaciones Antropológicas
UNAM

Resumen

Los viajeros del siglo XIX vieron con asombro las ciudades mayas aun cubiertas por la selva y notaron que se trataba de grandes asentamientos de los que nada sabían; allí nacieron los estudios arqueológicos que llevarían a explicar la historia de esos asentamientos y sus características internas. Hoy, tras más de un siglo de trabajo, tenemos un panorama bastante claro de lo sucedido. Pero eso no ha sido hecho sin un enorme trabajo y sin contradicciones, polémicas, diferencias de opinión y de marcos conceptuales. Se revisa la historia de las interpretaciones que se hicieron sobre las ciudades y el territorio maya, las técnicas y métodos usados para relevar y dibujar los sitios con arquitectura, el surgimiento y fin del modelo del *centro ceremonial* y el estado actual del conocimiento en el tema, mostrando la heterogeneidad del fenómeno urbano entre los mayas y la altísima densidad que lo caracteriza desde época muy temprana.

Abstract

The 19th century travelers were dazzled by the Maya cities, still devoured by the forest, and realized these were extended settlements of which they knew nothing about. It was then when the archaeological surveys which would lead to explain the history of such settlements and their inner characteristics were born. Presently, following one century of research, a much better uderstanding of those early events has been achieved. However, such an accomplishment was not attained without great efforts, contradictions and heated controversies, in the framework of different opinions and mainstreams. The history of interpretations about the cities and the overall Maya territory, the techniques and methods applied in surveying and drawing up the sites with architecture, the rise and decline of the *ceremonial center* pattern and the present state of knowledge about these issues are revised , showing the heterogeneous nature of the urban phenomenon among the Maya and the remarkable high density that has characterized it since the earlier times.

"En el romance de la historia del mundo jamás me impresionó nada más fuertemente que el espectáculo de esta grande, derruida y hermosa ciudad, en un tiempo desolada y perdida; descubierta por casualidad, cubierta de árboles por millas en derredor y sin ningún nombre para distinguirla. Era un doliente testigo de las mudanzas del mundo"

John Lloyd Stephens, 1839

I
Presentación:
La construcción de un conocimiento

La construcción de la historia, es decir la reconstrucción del pasado, ha sido uno de los grandes desafíos a la cultura de la humanidad. Y digo de la humanidad y no sólo de nuestra cultura Occidental ya que la nuestra no fue la que inició esta obra del conocimiento; ya sabemos que otros pueblos lo intentaron, o incluso lo hicieron, antes de nosotros y algunos lo hicieron muy bien por cierto desde hace 5000 años. Los bibliotecarios de la antigua Mesopotamia recuperaron información del pasado en forma de tabletas y piedras con inscripciones, incluso excavando ruinas, para que luego de describir lo recuperado guardaran también sus informes y así llegaron hasta nosotros (Schnapp 1997). Y cuando hablamos de miles de años, cabe preguntarnos ¿qué sabíamos sobre los mayas hace doscientos años? ¿Y hace cien? Muy poco; seguramente menos que los mayas que aun habitaban la región y cuya memoria estaba viva; ahora nos damos cuenta que conservaban -de una forma u otra- claro registro de sus antepasados, de su esplendor y riqueza; es más, se mantenían viviendo en los mismos lugares o cerca de los sitios de sus predecesores. Pero lo que era difícil era el diálogo intercultural, entender que entre su memoria y nuestra ciencia había un abismo que hizo difícil el entendimiento; cuando los arqueólogos llegaron a sitios como Bonampak, Santa Rita o Tulum en pleno siglo XX, los lugares aun estaban en uso; quizás no en la forma antigua, pero seguían siendo usados.

El avance que ha habido desde esa época sobre el conocimiento del pasado de estos pueblos, ha sido formidable; hemos avanzado mucho desde lo muy poco que había, lo que a su vez estaba estructurado en códigos mentales y linguisticos diferentes –como la memoria oral, la escritura jeroglífica, los códices, las estelas-, y que hubo que traducir a nuestro sistema de pensamiento y de transmisión escrita sistematizada. Hace sólo un siglo la mayor parte de los interesados en el tema unicamente podían acceder a un grupo selecto de libros hechos en pequeños tirajes, con ilustraciones que iban de las malas a las pésimas, a fotos repetidas de los mismos objetos muchas veces dudosos de su originalidad y con teorías discutibles y discutidas. Desde esos primeros esfuerzos de viajeros, curiosos, interesados y coleccionistas ávidos, se logró avanzar a una arqueología que lleva nuestro conocimiento hacia límites pocas veces sospechados. Hoy sabemos quiénes eran, qué comían, donde vivían, conocemos bastante sobre su escritura glífica, sus dioses, sus ritos y su estructura política; hasta sobre sus ciudades, sus casas y su demografía. Esta construcción es, en el caso de los mayas, monumental. Gracias al trabajo de la arqueología, la epigrafía, la etnología y otras ciencias interconectadas se han logrado conocer varios miles de años del pasado de una cultura excepcional en la historia de la humanidad.

Este libro trata sobre la forma en que se construyó ese conocimiento, de las personas y mecanismos intelectuales que lentamente fueron colocando los ladrillos necesarios para edificar esta estructura, a veces endeble por cierto, pero que ya existe. Y de los errrores, los caminos recorridos inutilmente y las causas de estos desvíos.

En el siglo XIX tardío los viajeros se asombraban ante la magnitud de los antiguos restos de construcciones perdidos en la selva pero no sabían ni quién, ni cuándo se habían usado; hoy la arqueología puede dar una respuesta a esos interrogantes. Y eso no es poco. Pero esta historia no ha sido fácil y al revisarla la encontramos llena de conflictos, errores, marchas atrás, como toda obra humana; se tomaron senderos equivocados muchas veces y hubo que empezar de nuevo, como todo el conocimiento científico. Y esta historia revisa precisamente eso: como las teorías se fueron sucediendo unas a otras, cambiando incluso los paradigmas imperantes, reemplazándose y superándose unos a otros, abriendo caminos insospechados. Y así como los temas de interés en una época dejaron un día de serlo para cambiar a otros durante los últimos años, la arqueología maya ha visto el fuerte incremento y difusión de los estudios sobre los asentamientos y el territorio. Con diferentes técnicas y objetivos, grandes extensiones del territorio maya han sido reconocidas, estudiadas y discutidas, habiéndose logrado un importante conjunto de información; y si hace cien años no había ni idea cierta acerca de cuándo y cómo fue ese pasado, hoy sin duda es posible afirmar muchas cosas y con dudas muchísimas más. Valgan algunos ejemplos: durante el fin del siglo XIX y los inicios del XX se hicieron intensos estudios sobre cráneos humanos, su forma, dimensiones, peso y todo tipo de detalles, parecerían explicar muchas cosas sobre las "razas" de América; realmente se midieron miles de cráneos –que hubo que buscar y excavar y trasladar y guardar-, se escribieron libros y más libros, se comparó unos con otros, se intercambió información, se hicieron congresos; nada queda de todo eso, ni siquiera ya el recuerdo en los libros de historia de la arqueología o la antropología. Prácticamente no lograron explicar nada de valor. La *Americanística* francesa creyó que en las lenguas estaba la posibilidad de entender las culturas del pasado, su distribución, antigüedad y características; se trabajó intensamente y lo editado es realmente monumental, para ser ahora una mera curiosidad de su tiempo. Una línea de investigación fracasó por racista, la otra por creer que había lenguas arias y no arias. El primer fotógrafo que visitó las ruinas de Mesoamérica, Désirée Charnay, en recorridos excepcionales y tomando fotos que fueron y son únicas, entregó su interpretación a un muy célebre arquitecto francés (Viollet-le-Duc) quien las usó para hacer un extenso alegato sobre la superioridad de la raza blanca y explicó los detalles de la arquitectura en función de los porcentajes de sangre de cada raza que había en cada pueblo y lugar. ¡Hasta despreció al Cuadrángulo de las Monjas de Uxmal por ser similar en su planta en una porqueriza francesa!

Pese a todo y más allá de todo, la ciencia siguió su curso, superando los obstáculos y construyendo explicaciones razonables al menos para los paradigmas imperantes en cada momento. Pero no todo está resuelto y esta no es una historia romántica, ya que ante este auge y estos logros la primera pregunta que nos preocupa es: ¿porqué pese a la tremenda cantidad de investigaciones hechas a lo largo de dos siglos en torno a los sitios mayas, se sigue pensando en los niveles no-científicos –e incluso en muchos de ellos- que los mayas tenían un sistema de "centros ceremoniales" y no de ciudades?, ¿porqué casi nada sabemos sobre el territorio en su conjunto y no sólo sobre los centros urbanos?, ¿porqué se sigue creyendo que la religión es el centro de todo en esas culturas?; si pasamos a otro nivel la pregunta es ¿en qué medida los estudios recientes sobre los asentamientos y el territorio no sufren de los mismos problemas que padecen, o han padecido, los estudios sobre la estructura interna de las ciudades mayas?

Intentamos revisar el recorrido de estos estudios, sus resultados y mostrarnos lo que se ha logrado y lo que conlleva como carga historiográfica producto de la misma evolución del conocimiento arqueológico. Porque lo que nos preocupa ante la intensificación de estos campos nuevos de investigación es que no se cometan errores superados, que se repitan tautologías o teorías sin sostén alguno. Esto, que puede sentirse como crítica violenta, es cierto porque los sitios mayas cargaron durante tres cuartos de siglo del acoso del concepto del "centro ceremonial", que sabemos que le causó un enorme daño al conocimiento, llegando a ser factor retardatorio en las excavaciones mismas, ya que los investigadores encontraban lo que en realidad iban a buscar: respuestas establecidas previamente.

La idea es: en qué medida algunas de las diferentes explicaciones que existen en el mundo académico –no sólo fuera de él- estuvieron o a veces aún están teñidas por teorías que fueron establecidas en forma hipotética, pasando más tarde a ser divulgadas como verdades. Veremos cómo algunos conceptos relacionados con las formas del uso social del espacio surgieron y se aceptaron, y cómo a pesar de la información arqueológica en contrario ya existente en ese entonces, se fueron difundiendo; fue necesario mucho trabajo y medio siglo para lograr romper con eso y aceptar la compleja urbanización de estas grandes ciudades, para luego lograr estudiar su entorno y su territorio. Trataremos de revisar estos problemas y entender así el estado actual del tema.

-- . --

Este trabajo en una versión reducida y preliminar formó parte del volumen nunca publicado de la introducción a la *Cartografía arqueológica de Mesoamérica*. Fue una obra auspiciada por la Graham Foundation for the Advanced Studies in the Fine Arts de Chicago, que compiló en varios volúmenes cerca de mil planos de sitios arqueológicos con arquitectura de varias regiones y culturas en Mesoamérica hechos hasta 1984; ese material se encuentra actualmente en la Foundation for the Advancement of Mesoamerican Studies, en Crystal River, Estados Unidos. Esa introducción fue más tarde publicada abreviada en una edición de muy corto tiraje con el título *Ciudades Mayas: historia de las teorías sobre su estructura urbana*, Editorial Rescate, Buenos Aires, 1990, pero la edición no tuvo circulación. A partir de esas experiencias es que este libro fue completado a la versión actual.

Se agradece especialmente a Jorge Tomasi que haya reescrito el texto para recuperarlo a una versión electrónica.

II

Las ciudades mayas y su territorio en la Ilustración
(1760-1825)

El conocimiento metódico de los asentamientos prehispánicas de lo que hoy denominamos como *cultura maya* se inició en el siglo XVIII; y si bien todo a lo largo del período colonial hubo quienes se interesaron tanto en los indígenas como en las obras de su pasado, no constituyeron más que casos aislados que no llegaron a hacer planteos más allá de la curiosidad o la descripción, o que cuando los hicieron no pudieron difundirlos entre sus contemporáneos. En realidad el planteamiento con carácter *científico* –tal como en esa época se entendía a la ciencia- de los asentamientos prehispánicos surgió en forma confusa y muy compleja para la segunda mitad del siglo XVIII (Alcina 1995, Bernal 1979, Willey y Sabloff 1974). Y por supuesto, siempre se hablaba de ciudades, su territorio ni siquiera era un tema existente.

Nada ocurrió aisladamente, todo formó parte de un proceso de revalorización del pasado indígena, de rescate de objetos, esculturas y códices -como hacía Lorenzo Boturini en el valle de México por ejemplo- y de algunos estudiosos que utilizaron el pasado para justificar o discutir el presente: concretamente nos referimos a la generación de la Ilustración Novohispana. No es factible reconstruir aquí el devenir de los libros publicados por esos ilustrados intelectuales de la colonia, que con su obra fueron mostrando una faceta de los antiguos indígenas muy diferente a la que el europeo medio podía conocer. La *Historia Antigua de México* de Francisco Xavier Clavijero publicada en Italia en 1760, fue una síntesis de ese nuevo pensamiento, que enfrentándose al de Cornelius de Pauw, William Robertson y tantos otros, ponía en igualdad de condiciones al hombre americano y al europeo (Gerbi 1978, Clavijero 1945, Moreno de los Arcos 1975 y 1981).

En forma simultánea comenzaron a describirse y estudiarse las ruinas antiguas: Xochicalco, El Tajín, Teotihuacan, Mitla, Palenque, Uxmal fueron visitadas y luego descritas por los viajeros, quienes llegaron incluso a Toniná y a otros sitios en la antigua Real Audiencia de Goathemala. Destacan entre ellos Antonio de León y Gama, Antonio Alzate, Mariano Veytia y más tarde el mismo Humboldt. Todos ellos difundirían de una forma u otra una nueva visión de las antigüedades que serviría como instrumento ideológico en la futura lucha por la independencia. Fue una manera de enfrentarse al régimen, de demostrar que la cultura que España había destruido no era pagana, hija del diablo o antropófaga, sino que se trataba de un pueblo culto, *ilustrado*, con una arquitectura y un arte dignos de encomio y comparables –según el padre Márquez- con los de la antigüedad clásica. Por otra parte, la Ilustración vio el pasado como algo ya muerto, como algo *arqueológico*, que había de ser estudiado con total independencia del indígena que seguía siendo explotado sin remordimientos. Sin embargo no fueron temas predilectos de especulación los de la ciudad antigua y las cuestiones más importantes en la época eran el calendario azteca y el tratar de encontrar una explicación, dentro de los cánones prevalecientes, para el extraño arte de la escultura. El descubrimiento del Calendario Azteca, la Piedra de Tizoc y la Coatlicue fueron la base para esos trabajos a partir de 1792 (Bernal 1982, Matos 1997).

Los mayas también fueron un tema particularmente interesante y discutido, a tal grado que Juan Bautista Muñoz, el Cronista de Indias y miembro de la Academia Real de la Historia en Madrid escribió cartas y documentos al respecto (Castañeda Paganini 1946). Una larga serie de artículos sobre la historia del descubrimiento y exploración de Palenque ya ha sido escrita y muestra el interés existente en la época por tener explicaciones *lógicas* para esas extrañas ruinas. En 1786 Muñoz hizo una comparación detenida entre tres sitios mayas –Palenque, Copán y Uxmal- demostrando sin darse cuenta la gran extensión de la cultura maya y la homogenidad de sus expresiones culturales (Navarrete 2000). Esto sería expresado por Guillermo Dupaix tras sus viajes emprendidos entre 1806 y 1809, en los que además de realizar el primer relevamiento detallado de esa región prehispánica puso en evidencia la existencia de áreas culturales dentro de las cuales existían objetos en común, diferentes a su vez de los de las demás regiones. Gracias a los libros de Dupaix y a las obras del Barón Humboldt, el mundo ilustrado europeo de 1830-1840 ya contaba con documentación suficiente como para especular. En 1822 salió en Londres la primera obra totalmente dedicada a las ruinas de Palenque, la cual, aunque envuelta en el esoterismo y en explicaciones teológicas poco claras, traía dibujos y planos de primera fuente. En 1788 ya habían arribado a Madrid objetos procedentes de Palenque que se habían solicitado oficialmente para ser estudiados en Europa.

Otro personaje que se debe nombrar es Antonio Fuentes y Guzmán, quien al publicar su libro en 1776 incluyó, por primera vez tres planos de ciudades prehispánicas: Utatlán, Iximiché y Uzpantán. No hace falta decir que esto debe entenderse como los primeros planos hechos tras la desaparición de las culturas que ocuparon esas ciudades, es decir, por una visión Occidental, no importando cuan poco fidedignos sean sus dibujos. Los indígenas a su vez habían representado sus propias ciudades y su territorio, primero en códices y luego en documentos coloniales; sirva como ejemplo el caso de Utatlán dibujada en 1554, pero es claro que si bien esos planos son difícilmente comprensibles para nosotros, ya han sido interpretados demostrándose que sí representan el sitio y que fueron hechos en el lugar aunque sin tener conocimientos de tipo arquitectónico (Carmak 1981).

Lo que nos interesa destacar es que para principios del siglo XIX ya había información confiable sobre algunas ciudades mayas: más allá de su interpretación, en la que importaba más la propia arquitectura y sus *estilos* que otra cosa, había una visión de la grandiosidad de estas ruinas olvidadas. Se hizo evidente que:

1. eran muchas más de las que se podía suponer
2. eran complejas y extensas
3. tenían edificios de piedra y cal ornamentados y de grandes dimensiones
4. había evidencias de palacios y lujo
5. había edificios diferentes entre sí que debían haber cumplido funciones especiales
6. las ciudades tenían una estructura interna, poco clara, pero existía
7. las ciudades estaban dispersas por un enorme territorio y se notaban diferencias regionales

Quizás el caso que mejor representa la visión ilustrada de los asentamientos mayas ha sido el que surgió a través de las exploraciones de Palenque durante el último cuarto del

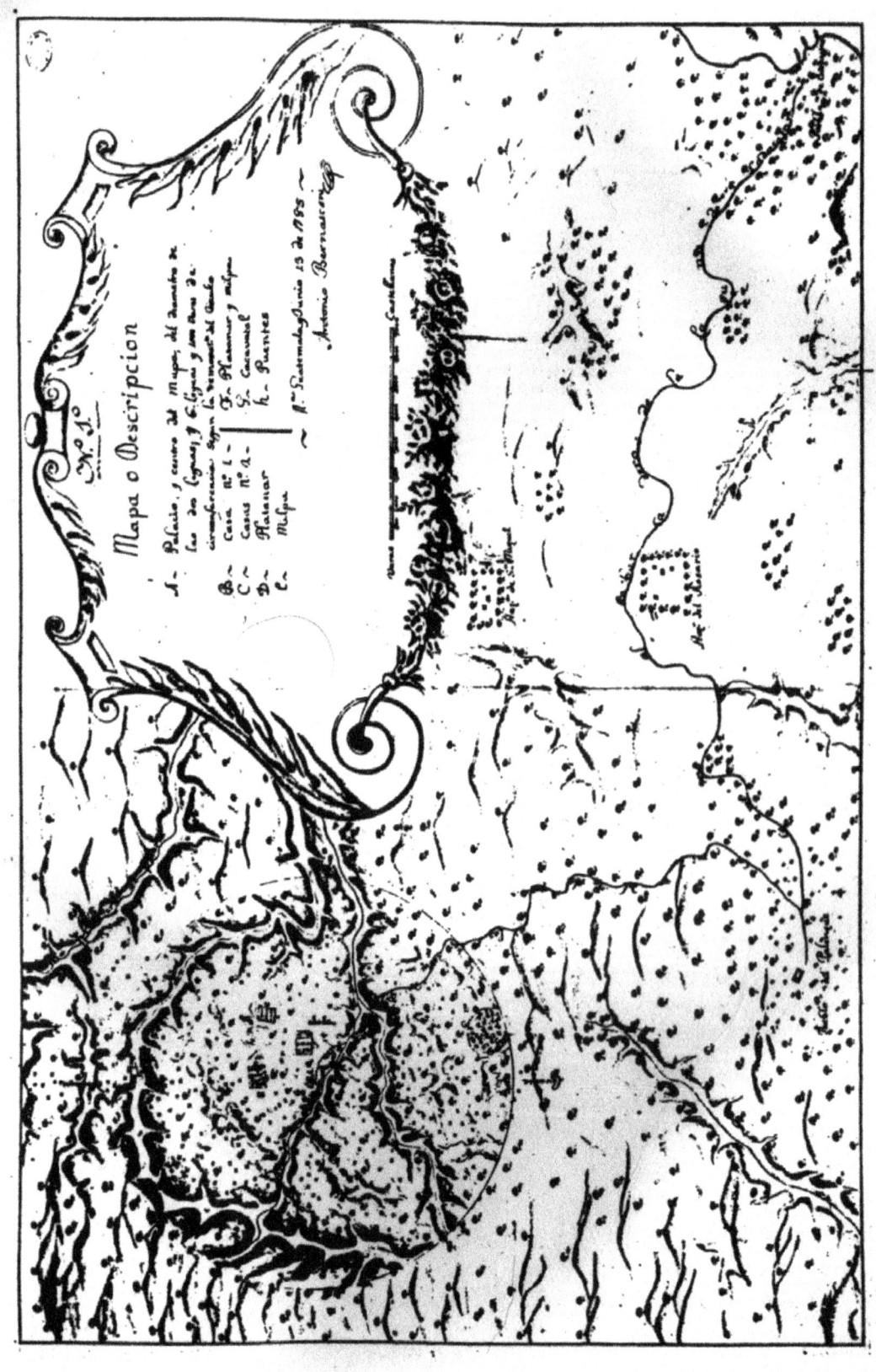

1. **Palenque, México**, dibujado en 1785 por Antonio Bernasconi; resulta interesante que este primer plano de una ruina maya no mostraba sólo la zona central, extendiéndose por una enorme superficie de terreno indicando así la verdadera dimensión del sitio (de: Ricardo Castañeda Paganini, *Las ruinas de Palenque: su descubrimiento y primeras exploraciones en el siglo XVIII,* edición del autor, Guatemala, 1945; pag. 38)

siglo XVIII. La primera misión oficial –ya que no el primer visitante o grupo de viajeros que llegaron al sitio- estuvo a cargo de José Antonio Calderón en 1784, quien observó la abundancia de lo que él llamó "casas" alrededor del palacio, la no casual ubicación de los edificios -que para él era defensiva por encontrarse éstos en las laderas del cerro-, y la amplia dispersión de restos de cerámica por un extenso territorio que debía estar bajo el dominio del señor de esa ciudad. Asimismo describió el palacio y redactó una *Relación de casas, y como palacios, que se encuentran en la casería de piedra...* (publicado en Castañeda Paganini 1946), que sin duda es el primer estudio del patrón de asentamiento de una ciudad maya. Hoy en día ese trabajo es considerado sólo una curiosidad, pero no debe olvidarse ya que fue un intento válido por comprender lo que para su época era incomprensible: quiénes construyeron Palenque, para qué y cuándo.

En el listado de edificios hecho por Calderón hay 195 "casas", catorce "palacios", dos "capillas" y un edificio indefinido, todo ello "con la advertencia que todos forman calles, como se advierte por las veredas". Este fue el primer intento de interpretar una ciudad prehispánica, aunque en base al modelo de ciudad que se tenía en aquel entonces para el cual importaban la densidad y la existencia de calles; se era más civilizado si las cosas se parecían más a lo conocido. A partir de allí y por mucho tiempo se habló de *ciudades* (¿por falta de otra palabra o porque realmente se creía que eso eran?), incluso el arquitecto real Antonio Bernasconi, enviado en 1785, recibió de Juan Bautista Muñoz órdenes del siguiente tenor: "formará plano circunstanciado de la ciudad, señalando sus plazas, fuentes y calles" para ubicar en él las casas y palacios estudiados. Un poco después el capitán Antonio del Río, quien también fuera enviado al lugar a continuar las exploraciones en 1787, comparó estas ruinas con las de Uxmal y su conclusión fue que "queda probada hasta la saciedad la evidencia de la uniformidad de los antiguos habitantes yucatecos con los palencanos". Todo esto fue el inicio del largo camino que estos asentamientos debieron recorrer sólo para que dos siglos más tarde fueran por fin reconocidos como ciudades u otros tipos de asentamientos; el territorio seguía no existiendo, era sólo lo que había entre ciudad y ciudad.

III

Las ciudades ante los primeros viajeros y exploradores
(1825-1885)

Durante los comienzos del siglo XIX se siguieron los mismos rumbos: especulaciones con bases endebles, pero aquellos que recorrieron los sitios y los describieron siempre se asombraron de la extensión de esas ruinas dispersas por doquier y que se internaban en la selva. Pioneros como Juan Galindo llegaron a visitar sitios mayas tan lejanos entre sí como Copán, Topoxté y Palenque a partir de 1831 entendiendo que todo era la misma cultura; llegó a desarrollar una teoría en la cual establecía el origen de la cultura de la humanidad entre los mayas, diciendo que de allí se habían trasladado hacia Egipto y más tarde hacia Europa. Este solitario pionero estuvo en contacto con las instituciones culturales del Viejo Mundo e incluso publicó trabajos sobre el tema (Graham 1963). En esos años lo prehispánico iba siendo reconocido en Europa occidental; en 1825 se había fundado el Museo Nacional de México, se rescató la escultura de la Coatlicue de donde había sido enterrada por los religiosos de la Universidad; poco más tarde se crearon varios pequeños museos regionales (Oaxaca, Zacatecas) y comenzó a funcionar la Sociedad Mexicana de Geografía y Estadística.

Para finales de la década siguiente ya se estaban publicando los diez grandiosos volúmenes de Lord Kingsborough (1831/4) que incluían el trabajo de Dupaix a quien simultáneamente se lo editaba también en París. En 1832 el presidente de Guatemala, Mariano Gálvez, envió a Miguel Rivera Maestre a levantar planos de Utatlán, Iximché y Mixco Viejo para su *Atlas Guatemalteco* (Villacorta 1930). Y en 1839 llegaron a la zona maya John Lloyd Stephens y Frederick Catherwood cuyos libros provocaron un cambio substancial en la visión del mundo prehispánico (Stephens 1839 y 1843). Los dos viajes organizados por esos incansables exploradores fueron de gran importancia, no sólo porque difundieron masivamente en el mundo de la época información de campo y excelentes grabados sobre las ruinas mayas, sino porque las compararon con las de Egipto, Grecia y Roma. Notaron la grandeza de ese pasado, entendieron que hubo aquí ciudades tan importantes como las de Oriente o Europa, y presentaron los dibujos de Catherwood, notables por su realismo y exactitud. Hay un párrafo de Stephens más que elocuente:

> "Lo que teníamos frente a nuestros ojos era grandioso, raro y muy interesante. Aquí se hallaban los restos de un pueblo adelantado, culto y singular, que había pasado por todas las etapas correspondientes al levantamiento y decadencia de las naciones; llegado a su edad de oro, perecido y hoy enteramente ignorado. Los eslabones que lo unieron a la familia humana estaban rotos y perdidos, y éstos eran los únicos recuerdos de su paso sobre la tierra. Nosotros vivimos en el derruido palacio de sus reyes; subimos a sus desolados templos y caídos altares; y por dondequiera que nos movimos notamos las evidencias de su buen gusto, de su poderío. En medio de la desolación y de la ruina volvimos la mirada hacia el

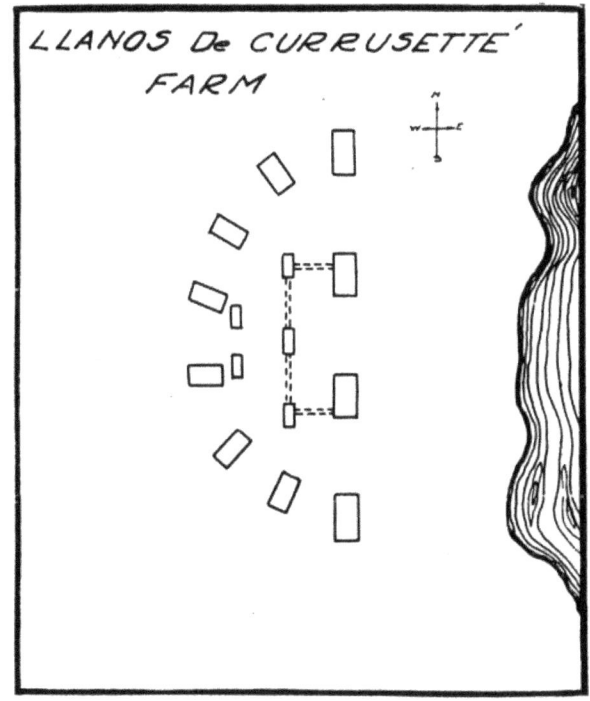

2 a

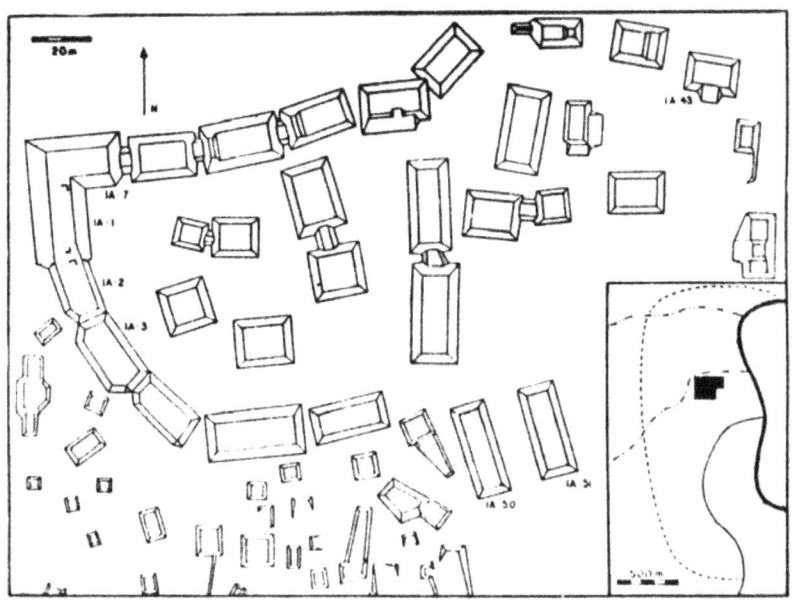

2 b

2.a **La Sierra, Honduras**, plano esquemático de un sitio en los Llanos de Currusetté, característico dibujo de los recorridos de campo de la época mostrando sólo el núcleo central en disposición simétrica (de: R. A. Steinmayer, *A reconnaisssance of certain mounds and relics in Spanish Honduras*, Department of Middle American Research, Tulane University, New Orleans, 1932; pag. 9)

2.b **La Sierra, Honduras**: el mismo sitio en un plano publicado en la década de 1970 resultado de un estudio detenido del lugar, mostrando la complejidad del conjunto (de: John Henderson, I. Sterns, A. Wonderly y P. Urban, Archaeological investigations in the valley of Naco, Honduras, *Journal of Field Archaeology* vol. 6, pp. 169-192, 1979; fig. 6) pasado, despejamos la sombría selva y nos imaginamos cada edificio perfecto, con sus terrazas y pirámides, con sus ornamentos esculpidos y pintados, grandiosos, sublimes e imponentes, y dominando una inmensa llanura habitada; hicimos volver a la vida al extraño pueblo que nos contemplaba con tristeza desde los muros; nos lo imaginamos en fantásticos vestidos y adornados con penachos de plumas subiendo las terrazas del palacio por las gradas que conducen a los templos".

Durante todos esos años no había dudas respecto al hecho de que las ruinas eran en realidad restos de grandes y complejas ciudades, y así lo destacó Stephens. Parecía que el prejuicio general contra el indígena –del pasado y de entonces- aún no se había manifestado contra algunas de sus obras arquitectónicas, aunque sí contra el arte y la escultura, que desde Humboldt fueran considerados como bárbaros; las ciudades en cambio seguían siendo ciudades. Y las interpretaciones mitológicas sobre su origen, que hubieran sido griegos, cartagineses o fenicios, se iban derrumbando una a una.

Otros viajeros e interesados contribuyeron a la comprensión general del fenómeno: el Conde Waldeck, con sus perspectivas y grabados de los edificios mayas (1838); E. G. Squier (1855 y 1858) con sus largos recorridos por América Central; con Auguste Le Plongeon promoviendo la necesidad de excavar antes de sacar conclusiones –cosa que él mismo luego dejó de lado-, y en especial Désiré Charnay (1863 y 1885), quien además de publicar por primera vez auténticas fotografías de estas ciudades desarrolló una elemental cronología del mundo maya y mostró la contemporaneidad de los principales edificios y sitios. La más importante agrupación de investigadores de la mitad del siglo, la Comisión Científica Francesa, publicó numerosos libros sobre el particular, recomendó hacer recorridos y tomar fotografías en forma organizada y coincidió totalmente en la definición de que eran ciudades (Schávelzon 2003): ¿qué otra cosa podían ser esas enormes agrupaciones de edificios derruidos? El entorno, el territorio una vez usado por los mayas, era aun sólo definido por su no existencia, por ser lo que rodeaba, por donde se llegaba o se salía a esos misteriosos lugares; si bien por lo general no eran más que montones de escombro, para algunos ya eran sitios concretos, con nombres definidos, que lentamente iban teniendo cronologías y culturas asociadas; era un tema de preocupación, reflexión y trabajo.

IV

Ciudad y territorio para la arqueología temprana
(1885-1920)

Para el año 1885 la arqueología estaba cambiando: la llegada a México de las nuevas formas de ver y estudiar el pasado impuestas por el Positivismo, la existencia de una nueva actitud oficial remisa pero congruente hacia las ruinas y la estabilidad económica impuesta por el régimen Porfirista permitieron que se iniciara una nueva etapa del conocimiento científico del pasado. Comenzaron a editarse revistas y publicaciones periódicas sobre el tema (varias aún se siguen publicando), el Museo Nacional creció en forma constante y los amateurs se transformaron en especialistas. Los primeros trabajos de Eduard Seler, Alfred Maudslay y Tobert Maler abrieron un nuevo rumbo. Entre los mexicanos, Leopoldo Batres y Francisco del Paso y Troncoso, sin ser los únicos, se dedicaron de lleno a estas cuestiones como profesión y ya no como entretenimiento erudito. Y así como hubo un notable consenso de opiniones sobre el mundo prehispánico en cuanto a sus ciudades –tema que fue analizado por vez primera por William Holmes (1896/7)-, se produjeron a su vez las primeras críticas. Por ejemplo, el primer quizás en plantear la posibilidad de que los pueblos prehispánicos nunca tuvieron *verdaderas ciudades* fue Lewis Henry Morgan (1880) basándose en que el nivel social y cultural de los indígenas había sido muy bajo como para haber llegado a tener ciudades, o lo que él consideraba que era una ciudad; Morgan estaba trabajando con la arquitectura prehispánica en los Estados Unidos y por lo tanto su opinión fue tomada como la de un teórico serio y aceptable. Poco después Cyrus Thomas (1898) retomó esa idea hablando en sus obras de "centros ceremoniales", "centros religiosos" y "centros sagrados", aunque refiriéndose a las partes monumentales de las ciudades tales como la Acrópolis de Copán, no al conjunto. Sin embargo ninguno de ellos demostró contundentemente su hipótesis y solamente contradecían la posición tradicional – lamentablemente tampoco demostrada- de denominar *ciudad* a cualquier grupo de ruinas.

William Holmes, cuyo libro fue publicado en 1896-97, fue consciente de que los campos de ruinas que tenía ante sus ojos eran verdaderas ciudades en las cuales se destacaban, naturalmente, las pirámides. Es decir que la arquitectura religiosa –ya que las llamadas pirámides eran basamentos de templos- contaba por su envergadura y calidad con los edificios más llamativos; pero en ningún momento dejó de lado otros tipos de construcciones y llevó a cabo una clasificación tipológica de la arquitectura en Mesoamérica que sigue siendo el primer intento de estudiar la amplia variedad arquitectónica de los asentamientos mayas.

Durante los años del cambio de siglo y prácticamente hasta 1910 hubo diferencias en la forma de hacer arqueología entre los europeos, estadounidenses y la generación del

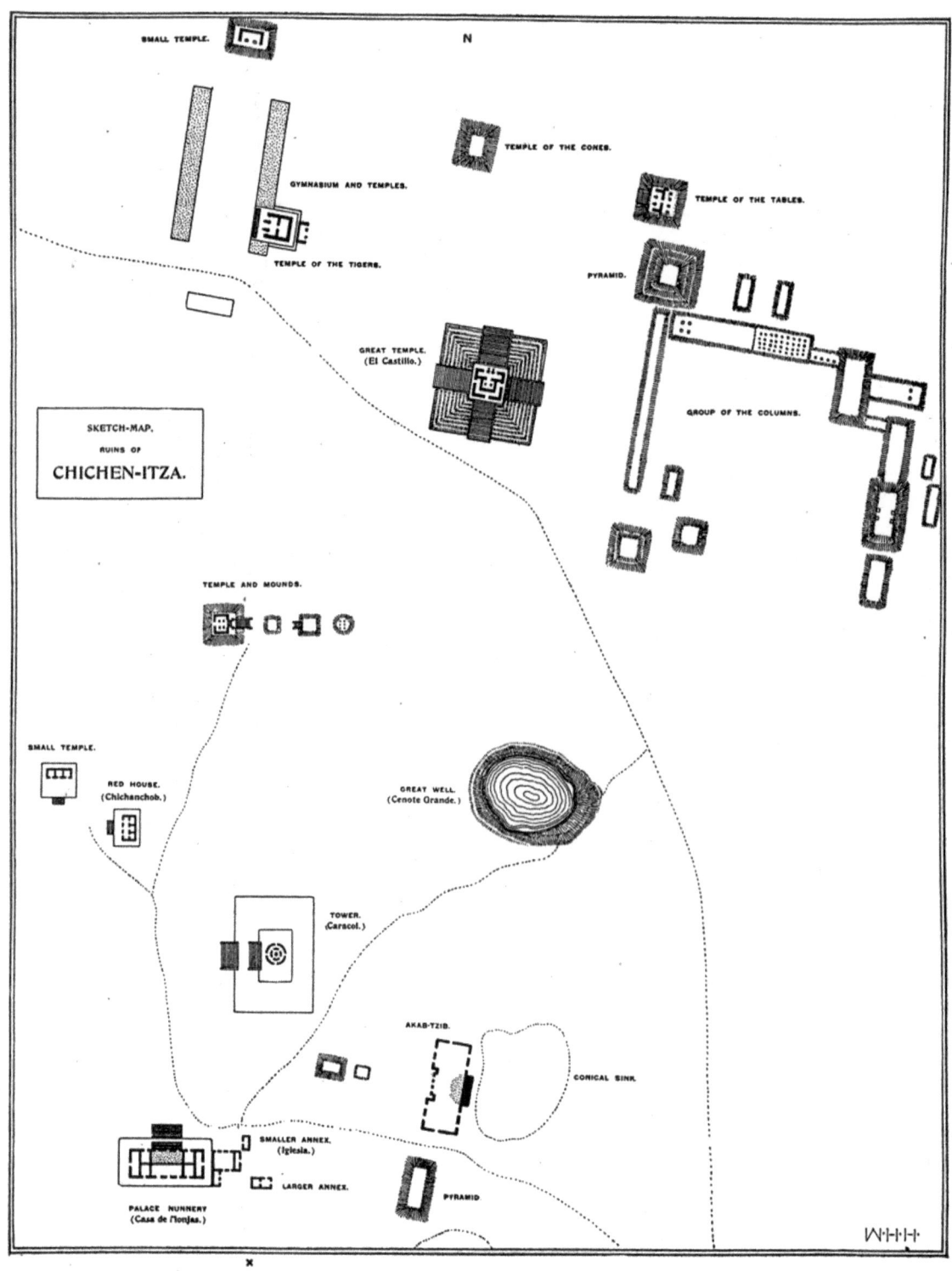

3. **Chichen Itza, México**, plano característico de los primeros grandes trabajos arqueológicos del siglo XIX tardío en que se indicaban únicamente los principales edificios del lugar, en especial el área céntrica (de: William Holmes, *Archaeological studies among the ancient cities of Mexico*, Field Columbian Museum, vol.1, Chicago, 1895/97; lam. XVII)

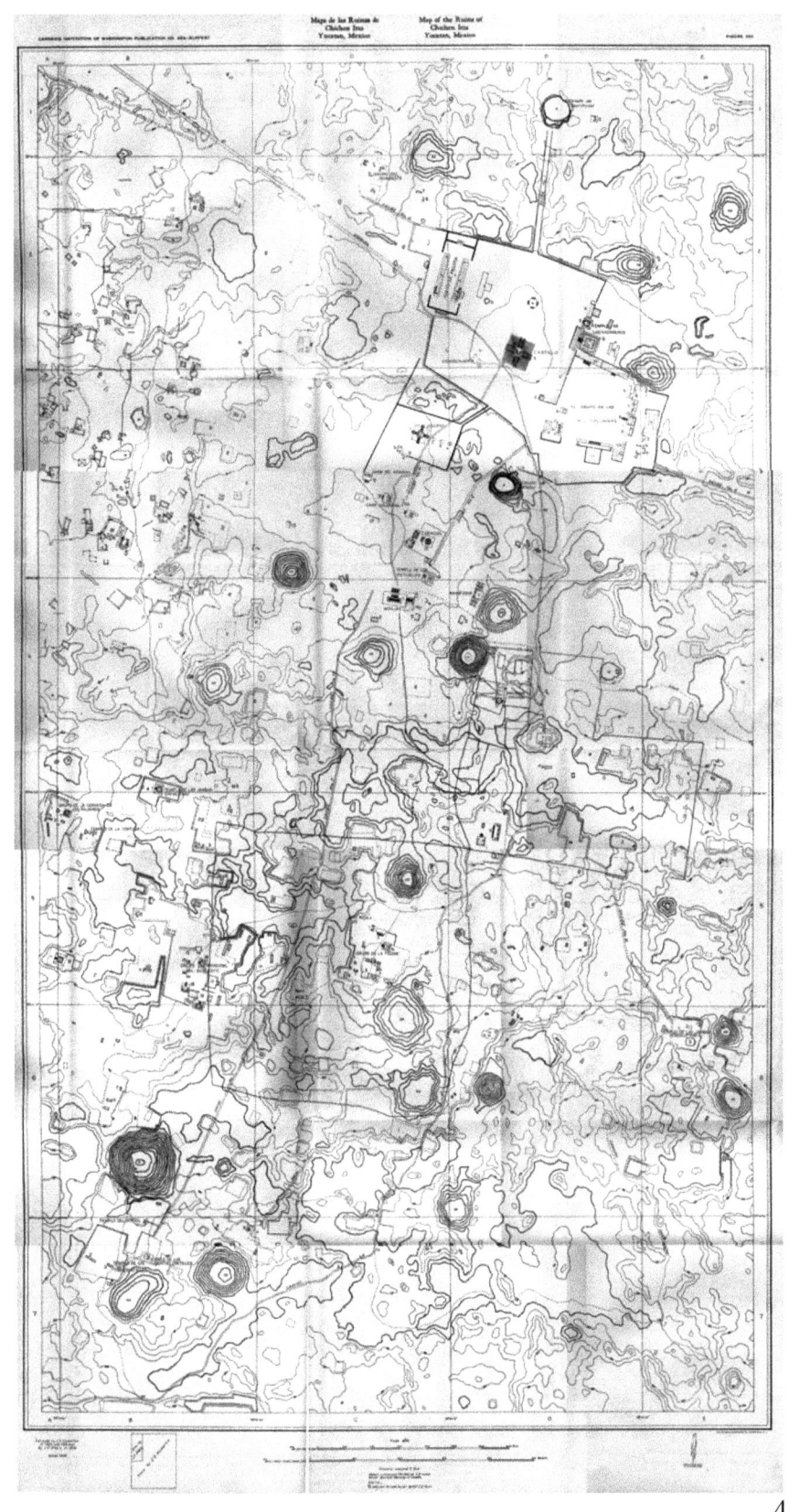

4. **Chichen Itza, México**, mapa impreso en 1942 resultado del primer gran proyecto científico en un sitio prehispánico maya en la década de 1920; nótense las diferencias en la cantidad de construcciones en el área de arriba a la izquierda, producto de un topógrafo diferente al que hizo el resto: pese a la dimensión del sitio es posible que al menos falte un 50 % de las construcciones existentes, compárese con el plano anterior de W. Holmes (de: Carnegie Institution, mapeos de J. P. O´Neill y J. O. Kilmartin, publicación no. 454, 1942, Washington, figura 350)

Positivismo mexicano; el medio local casi no le prestó atención al problema de los asentamientos y en cambio dio mayor importancia a la arquitectura monumental, porque ésta llenaba mejor las necesidades del régimen políico de Porfirio Díaz tanto en cuanto a publicidad (las fiestas del Centenario de la Independencia), como en cuanto al papel que la ciencia Positiva estaba jugando como parte integrante de la nueva estructura económico-social vigente.

Podemos recordar algunos estudios importantes de su tiempo, entre ellos los de Alfred Maudslay, quien levantó planos muy detallados (con la ayuda de un topógrafo profesional) de los sitios que exploraba. Notó la diferencia entre templos, palacios y viviendas, y toda vez que hablaba de una *ciudad*, en realidad indicaba un tipo de *vida urbana* en el sentido que podía darle un inglés victoriano y no como un término cargado de connotaciones particulares. En cambio Teobert Maler refiriéndose a Tikal habló de "miles de viviendas y chozas construidas con materiales perecederos" que habían existido alrededor de los grandes edificios conocidos. Lo mismo observó G. B. Gordon en las cercanías de Copán, en forma de montículos bajos con restos que consideró habitacionales, lo que publicó en 1896.

Una de las más notables observaciones fue la del controvertido Edward Thompson en 1886 en Labná (publicado en 1897), cuando además de hacer un detallado plano del área central notó gran cantidad de pequeños basamentos a los que atribuyó sin asomo de duda el carácter de restos de viviendas hechas con materiales que se destruyeron con el tiempo. Además, posteriormente hizo algunas inferencias sobre la organización social a partir de esa misma información (Thompson 1892). Muchos otros plantearon lo mismo: Eduard Seler notó basamentos de ese tipo en Uaxac Canal (1901), E. L. Hewett (1912) excavó varios en Quiriguá y destacó su similitud con las viviendas actuales de los mayas, y tanto Sylvanus Morley en sus primeros trabajos (1920) como Herbert Spinden (1910) aceptaron la existencia en el pasado de ciudades grandes, complejas, que denotaban diferencias sociales. Estaba dado el primer paso hacia el pleno reconocimiento de pequeñas estructuras habitaciones dispersas, aunque aun sólo en torno a los grandes conjuntos.

Quizás el más notable entre los pioneros fue Alfred Tozzer, quien llevó a cabo un estudio de las ruinas mayas durante la primera década del siglo XX aunque nunca llegó a publicar sus estudios con el detalle que hubieran merecido. De todas formas notó en Tikal, tras dibujar un excelente plano para las posibilidades de la época, que el problema central estaba en la demarcación del límite del asentamiento. Sin esto era casi imposible definir la densidad o la extensión de una ciudad cualquiera ya que había montículos habitacionales prácticamente en todas partes. Llegó incluso a hacer un plano en el que señala, a ambos lados de su camino, la ubicación de muchos de estos basamentos, que al parecer no tenían un orden establecido y planteó que Tikal y Holmul, entre otras, habían sido verdaderas ciudades densamente pobladas a la vez que por primera vez estableció que la Acrópolis Central de Tikal había sido un conjunto residencial (Tozzer 1913). Otros, como Thomas Gann, llegaron a excavar montículos: exploró a principios del siglo XX, cuarenta y tres en Santa Rita, notando la poca variación entre ellos, en especial entre los objetos descubiertos (Gann 1900). El otro paso ya se estaba dando: reconocer que el territorio entero estaba cubierto de esos montículos de pobladores modestos.

El último de los estudios dentro de esta corriente fue el de Samuel K. Lothrop (1924) sobre la costa de Quintana Roo. En Tulum llevó a cabo varias observaciones dignas de tener en cuenta: la ciudad estaba amurallada, tenía calles rectas y tres tipos de arquitectura (templos, palacios y viviendas) los que podían observarse a simple vista. Además, planteó la posibilidad de que los denominados palacios hubieran sido utilizados como habitaciones lo que fue otro paso adelante, más tarde se aceptó que los edificios monumentales también incluían actividades cotidianas como dormir y comer, entre tantas otras y no sólo religiosas.

Lo que interesa destacar es que para la época, pese a la enorme cantidad de trabajo hecho, era posible observar una falta notable de criterios científicos para definir *vivienda, ciudad* y otros términos similares. Y si bien hubo intentos en tal sentido, no pasaron de eso, como en el caso de Thompson. Tampoco se prestó demasiada atención a los tipos de asentamientos descubiertos; sí se los mapeó con todo el rigor posible dentro de las posibilidades de esos tiempos, pero no se llegó mucho más lejos. Quedaba claro que la importancia de un sitio estaba en relación directa con el volumen de obra existente y la cantidad de monumentos tallados. Tampoco se prestó atención a ciertos aspectos que hoy preocupan como la gran cantidad de sitios existentes y que podían plantearse como contemporáneos Asimismo se dejó de lado la consideración del gran esfuerzo que representó la construcción de esos sitios verdaderamente monumentales y la organización social, económica y la densidad demográfica necesaria para todo ello. Esto fue determinante para que en una época posterior se borrara de un plumazo el concepto de *ciudad* para imponer el modelo de *centro ceremonial*, con los graves problemas y retrasos que produjo en la comprensión de la arqueología mesoamericana.

En esta etapa los planos se dibujaban de la manera que se podía y existía una tendencia a retocarlos, agregarles árboles, plantas, caminos, casas y otros detalles. En los casos en que había desniveles en el suelo o cerros y montañas, éstas eran marcadas con sombreados en uno de sus lados, lo que daba un cierto realismo, por lo que la técnica se extrapoló también al dibujo de los montículos. Vale la pena citar los planos hechos por topógrafos profesionales para Alfred Maudslay y Edward Thompson, por la calidad de sus técnicas de representación. También los grandes *panoramas* heredados de la época anterior fueron una manera interesante de mostrar los sitios antiguos y los que dibujó William Holmes quedan aún como modelo de ellos.

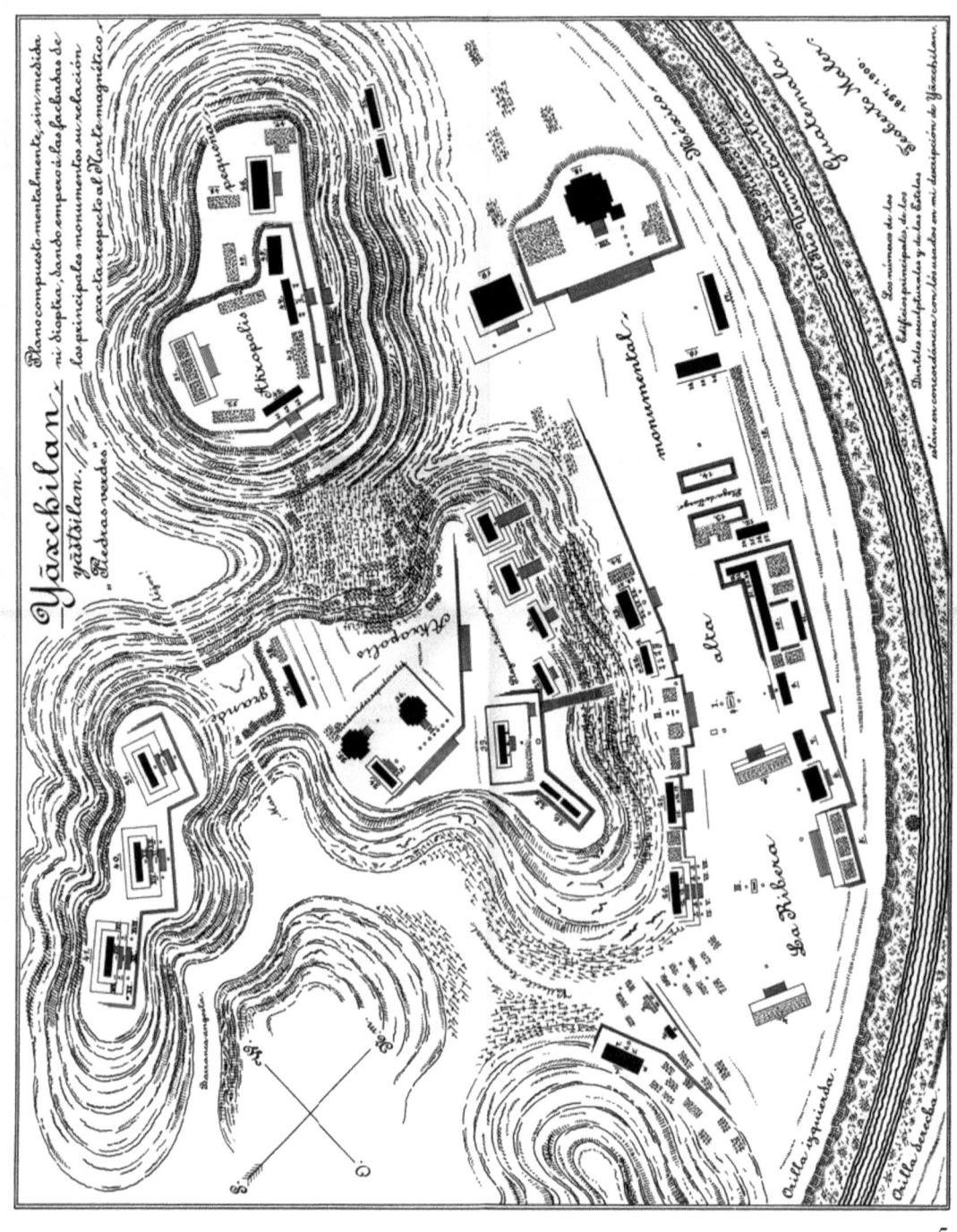

5. **Yaxchilán, México,** plano levantado por el pionero Teobert Maler entre 1897 y1900 (de: Gerdt Kutscher, *Bauten der maya*, Monumenta Americana vol. IV, Gebr. Mann Verlag, Berlín, 1971, lámina IV)

6. **Yaxchilán, México**, plano del mismo sitio que el anterior resultado de trabajos intensivos tempranos, que ya preanunciaban la complejidad de su zona central, aunque aun sólo se mapeaban los edificios principales (de: Sylvanus Morley, *The inscriptions of Peten*, Carnegie Institution, vol. V, parte 2, lam. 201, Washington, 1937)

V

Los primeros modelos teóricos para entender los asentamientos y su entorno
(1920-1950)

A partir de los comienzos de la segunda década del siglo XX la arqueología mesoamericana tomó un sesgo distinto al que había prevalecido hasta el momento. Hubo dos grandes factores convergentes: a llegada de la arqueología universitaria de Estados Unidos a través de la Institución Carnegie de Washington, respondiendo al impulso de Sylvanus Morley, representó la apertura de una nueva forma de trabajar en el campo por una parte. Por la otra los profundos cambios producidos en México con la Revoluciónm, en donde desde 1913, el jóven Manuel Gamio y su equipo de colaboradores habían iniciado la arqueología desde una perspectiva antropológica integral, con la sumatoria de otros campos del conocimiento, el proyecto de Teotihuacan; este fue la mejor muestra de esa nueva arqueología, realmente diferente a lo que se había hecho hasta el momento. Y si bien en un mismo nivel de modernidad, era diferente la postura de la Carnegie y de sus investigadores, quienes si bien tenían un excelente entrenamiento y buscaron la interdisciplina, no contaban como Gamio con una postura teórica e ideológica ante su tema de estudio, por el contrario, sostenían posiciones empiricistas y en general estaban bajo una clara influencia del Neopositivismo de Franz Boas. La distancia la marcaron los resultados: el proyecto de Gamio, claramente planteado desde el inicio, tuvo resultados publicados en pocos años, el estudio de Chichén jamás logró sintetizar todo el conjunto pese a las docenas de libros editados con los años.

Los primeros años de esta etapa representaron en cierta medida la continuación de algunas ideas anteriores matizadas por un nivel de generalización más amplia, en base a la cantidad cada vez mayor de información que se tenía sobre los mayas. Por ejemplo Morley en 1924 sugería que Tikal y Uolantún debieron haber sido parte de una misma ciudad dada la proximidad de una y otra (unos 5 km), lo que nuevamente llevaba el problema a la necesidad de definir los límites de cada ciudad. Poco después, Thomas Gann (1927) postuló la inversa: que cada ciudad debió haber sido relativamente independiente de las demás, aunque era lógico suponer la existencia de un gobierno centralizado en Tikal.

La ruptura con todo el conocimiento acumulado en la etapa precedente llegó con el primer libro de divulgación que escribió Eric Thompson y que fue publicado bajo el título de *The civilization of the Mayas* en 1927. Aquí Thompson plantearía por primera vez un modelo de asentamiento opuesto a lo que se había supuesto hasta el momento, por lo menos a nivel de los especialistas, y también contra lo que las mismas evidencias arqueológicas planteaban cada día con mayor insistencia: según esta hipótesis los antiguos mayas no habían tenido *ciudades* sino cierto tipo de *centros ceremoniales*, en realidad grandes agrupamientos de edificios religiosos que permanecían vacíos la mayor parte del año. El pueblo, incluso la mayor parte de la élite gobernante –compuesta por sacerdotes- residía en el campo aunque algunos lo hacían en casas más cómodas y amplias. Esta postura de Thompson, que resultaba indemostrable, se basaba en una lectura parcial de los restos arqueológicos: sólo le preocuparon los templos y los palacios, dándole a estos últimos bastante poca importancia, cosa que mantuvo en sus libros de divulgación ya que en su bibliografía científica opinó en forma diferente.

Ese mismo año se publicó otro libro que causó gran impacto en su época y que durante muchos años fue bibliografía básica sobre el mundo maya. Se trataba de la obra de Frans Blom y Oliver La Farge *Tribes and Temples* (1926/7) editada por la Universidad Tulane. El estudio mostraba aspectos de arqueología, etnología e historia con un enfoque novedoso ya que conjuntaba lo específico y científico con lo narrativo y anecdótico. Entre sus descripciones de ruinas ya conocidas o descubiertas por ellos, se puede entrever una visión muy particular de las ciudades mayas, visión que Blom sostuvo durante toda su vida: una marcada indefinición sobre el tipo de asentamiento que tuvieron los mayas, dando importancia principalmente a lo monumental-religioso y asociando al centro del conjunto como un área de actividad religiosa; un párrafo suyo es elocuente:

> "Las pirámides y los templos fueron construidos en honor de los viejos dioses. Los palacios fueron el domicilio de dirigentes y sacerdotes. El común de la gente vivió en cabañas de techo de palma tal como los indígenas lo utilizan todavía. Los edificios de piedra son un glorioso monumento a la raza maya. Las casas ocupadas por el común de la gente, cuyo esfuerzo fue puesto en la construcción de los edificios de los templos, han desaparecido siglos atrás. Cuando uno da un vistazo a la ciudad santa de Palenque (...) podemos darnos cuenta que nosotros sólo vemos la sección de la ciudad que estuvo dedicada a la adoración de los dioses. La ciudad donde vivía el común de la gente, los como usted y yo de aquellos tiempos, probablemente yacía en las tierras bajas".

Al año siguiente se editaron en México cuatro libros que deben ser destacados: la Dirección de Arqueología dirigida por José Reygadas Vértiz publicó un reconocimiento en Chiapas de Enrique Juan Palacios (1928), el importante trabajo de Federico Mariscal titulado *Estudio comparativo de los edificios mayas del Yucatán* (1928) que abrió la posibilidad de que los arquitectos mexicanos aceptaran la arquitectura prehispánica como digna de ser incluida en el arte universal, lo acompañaba otro libro de gran formato llamado *Estado actual de los monumentos arqueológicos de México* (Reygádaz Vértiz 1928), y el cuatro fue gran trabajo de compilación de Ignacio Marquina titulado *Estudio arquitectónico comparativo de los monumentos arqueológicos de México* (1928). En este libro Marquina reunía la información existente sobre el tema y aunque no presentó interpretaciones de índole general fue de importancia en el medio arqueológico. Trató de describir los sitios mayas y no mayas con bastante detenimiento, aunque cayó en una postura que desde poco antes comenzaba a ser tradicional en México; confundir la ciudad con su arquitectura. Se entendían los asentamientos como compuestos por dos niveles físicos diferentes, es decir su trazado y su *composición* (palabra muy en boga entre los arquitectos) por un lado y su arquitectura por el otro. Era la herencia de la formación academicista de los arquitectos basada en los estilos y la historia greco-latina y se la aplicaba a lo prehispánico. Y los temas que se analizaban eran, como en el caso de Palenque, su trazo, arreglo a la topografía, composición, simetría y ejes dominantes.

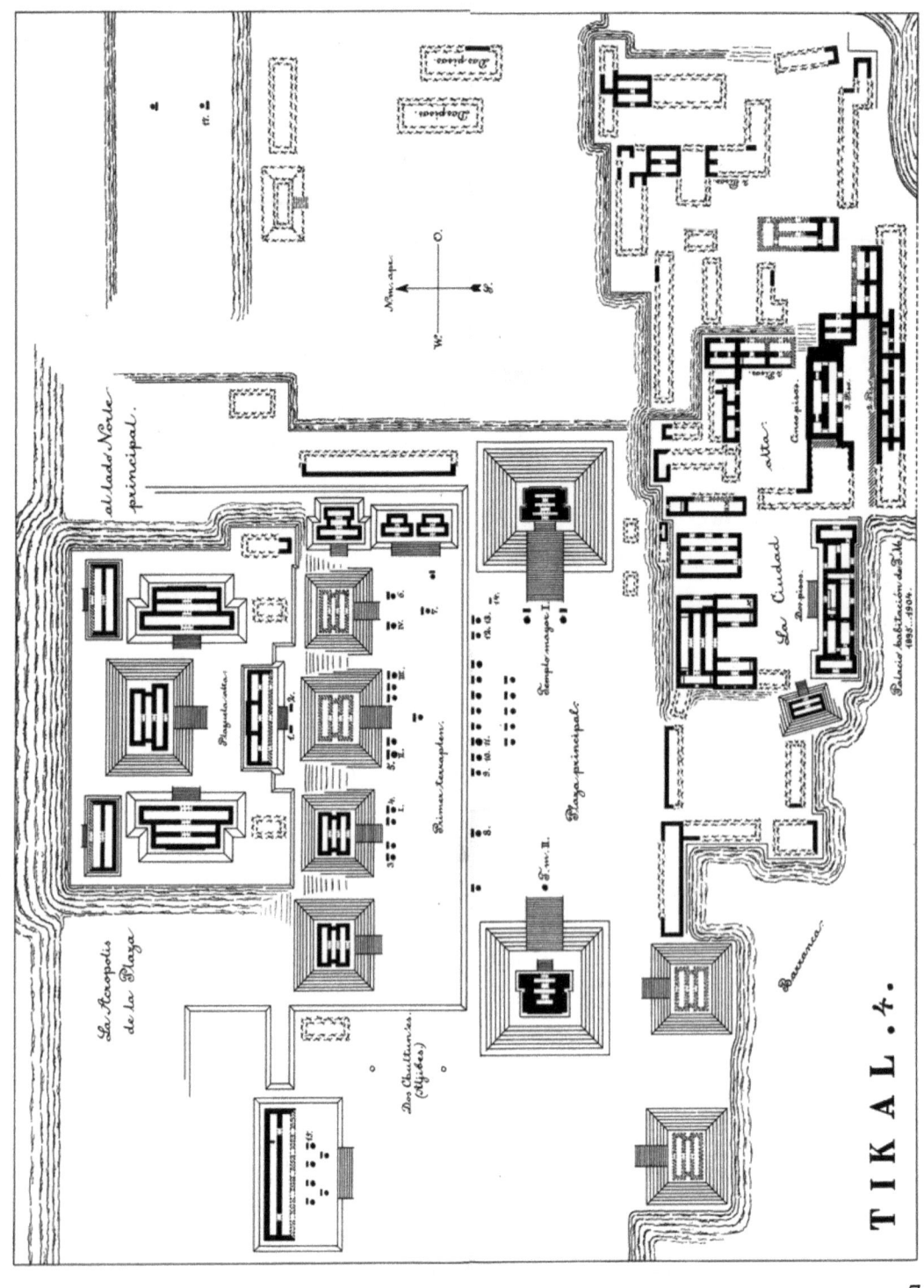

7. **Tikal, Guatemala**, primer plano del sitio de finales del siglo XIX y levantado por T. Maler; pese a la complejidad de mapear en plena selva se indica claramente la distribución de los edificios principales, la dimensión del área cubierta y la envergadura del sitio en que esto es sólo un sector (de: Gerdt Kutscher, *Bauten der maya*, Monumenta Americana vol. IV, Gebr. Mann Verlag, Berlín, 1971, lámina 36)

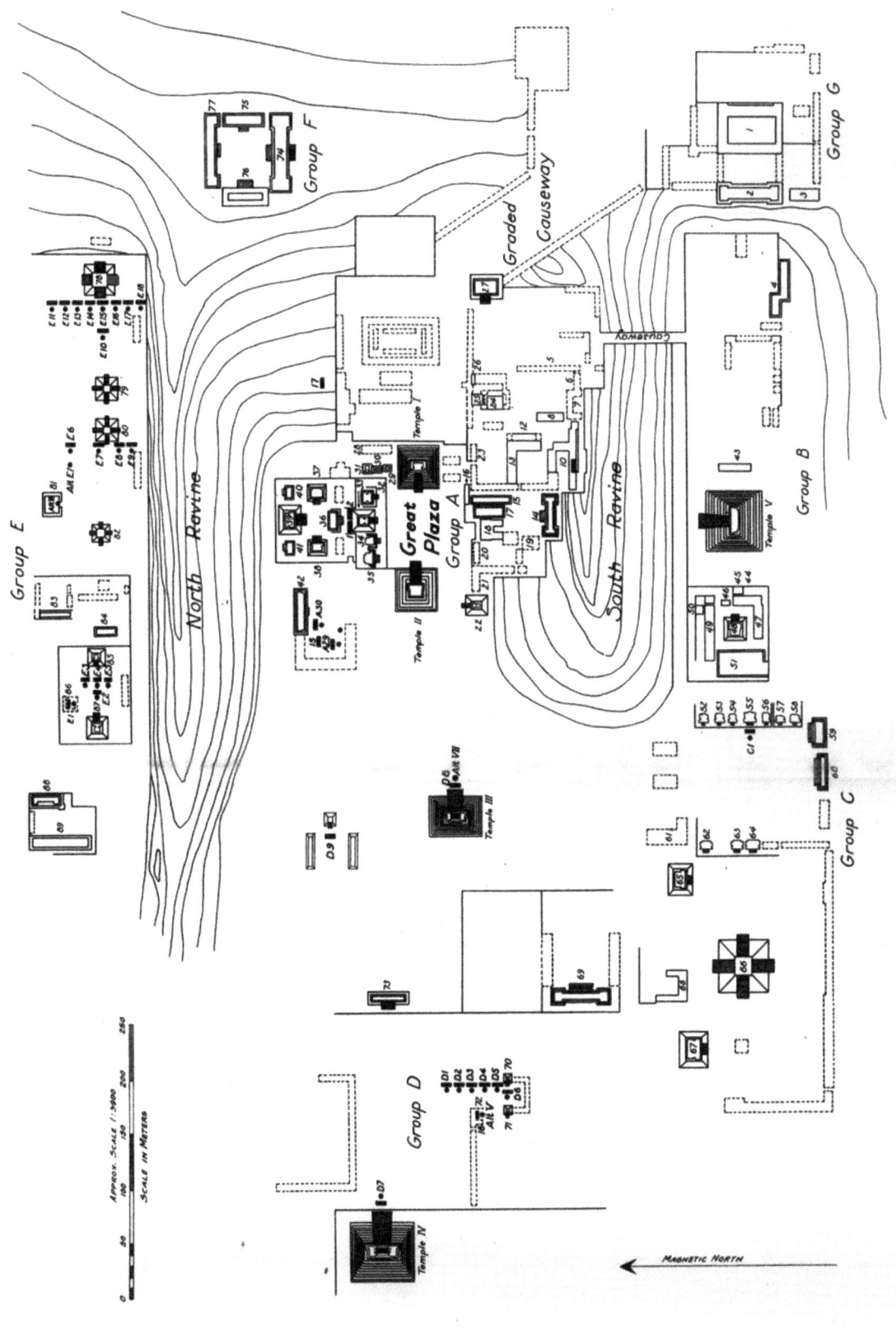

8. **Tikal, Guatemala**, el área central mapeada por Raymond Merwin en forma similar al plano anterior; aunque se cubría un área de mayor tamaño que el plano anterior, la imagen del sitio es cada vez más simple y con menos construcciones (de: Sylvanus Morley, *The inscriptions of Peten*, Carnegie Institution, vol. V, parte 2, Washington, 1937; lam. 188)

En el libro hay ejemplos muy interesantes de esta forma de ver la ciudad: se hablaba de la estructura interna de las ciudades diciendo que en ellas estaba "dominando siempre un partido en que se conserva el concepto de simetría y la orientación de los edificios" y que estaba compuesta por "masas equilibradas dispuestas según los ejes principales de simetría". La ciudad era la sumatoria de arquitecturas, o como mucho, de grupos pequeños alrededor de plazas y patios abiertos o cerrados. Asimismo, se confundía y se utilizaban indistintamente términos como *centro religioso, ciudad, ruinas, centro fortificado religioso, sitio arqueológico* y diversos otros más. Este trabajo fue importante ya que institucionalizó la indefinición del término *ciudad*. En la versión ampliada de ese mismo trabajo que publicó en 1951 (y que se reeditó en 1962 y 1981), Marquina mantuvo esa tesitura; lo que importaba eran los monumentos y la arquitectura, su ubicación, la relación entre ellos y la descripción formal de sus detalles, nunca la ciudad como totalidad; menos aún la *vida urbana*, el cómo y el para qué se usaban esas estructuras, y menos que menos lo que quedaba fuera de la ciudad.

En 1931 Eric Thompson volvió a plantear su nuevo modelo de asentamientos mayas; esta vez junto con Thomas Gann –quien sostuvo la hipótesis opuesta aunque sin entrar en polémicas-, publicaron un libro de divulgación titulado *The history of the Mayas*, muy bien ilustrado y editado por Ch. Scribners de New York, lo que garantizó su transformación en un best-seller histórico. Thompson habló constantemente de las ciudades y procedió a definirlas con las siguientes palabras:

> "Los agricultores vivían en pequeños asentamientos de unas pocas familias, dispersos en la selva y relativamente cerca de sus plantaciones. Para cada área había un centro religioso, el que era preparado por el pueblo para diversas fiestas y sacrificios (...) En realidad, el pueblo común puede presumirse que nunca vivió en las llamadas grandes ciudades en ruinas. Estas eran de naturaleza puramente religiosa y estaban habitadas sólo por los más importantes sacerdotes y posiblemente algunos líderes civiles".

Era el establecimiento no tan sólo de un nuevo modelo urbano sino de toda una forma de vida y de usar el espacio territorial, una organización social completa sin contar con pruebas de ninguna índole, pero que tuvo eco tanto entre legos como especialistas. Desde entonces y hasta hoy, buena parte del público cree que así fueron las ciudades mayas. Sólo los especialistas han cambiado su forma de ver el problema y ello en forma bastante reciente. La totalidad de la bibliografía utilizada en México, Guatemala y toda América Central para divulgación y docencia universitaria, refutaba la posibilidad de la existencia de ciudades; pero casi únicamente se habló de *centros ceremoniales*.

Lo más curioso era que el mismo Thompson contradecía su postura teórica en sus informes de excavación –los que obviamente tenían una circulación muy limitada-, como en el caso de su trabajo de Mountain Cow, en Belice. En el estudio de dicho lugar exploró cuatro sitios y excavó arquitectura de variados tipos, lo que lo llevó a la conclusión que dos de ellos eran restos de un asentamiento de clase baja formado sólo por unidades habitacionales, siendo el otro de clase alta porque incluía arquitectura religiosa. Destacó la necesidad de incrementar este tipo de estudio y fue quizás el primero en buscar la relación entre diferentes categorías de sitios. Según él eran "centros ceremoniales pequeños" los unos y "unidades residenciales" los otros. Pero el problema no terminaba allí; sus suposiciones sobre la ceremonialidad y religiosidad de cualquier grupo grande de ruinas, hizo difícil entender con exactitud la forma en que los mayas redistribuyeron y utilizaron el territorio porque se partió de varios presupuestos endebles: la división social en sólo dos grupos, la existencia única de agricultura de milpa muy primitiva y de bajo rendimiento, las ciudades vacías la mayor parte del año y un sistema de gobierno tipo *teocrático*, término muy empleado de allí en adelante y más endeble que lo demás.

Mientras este tipo de información se difundía entre el público general y era aceptada sin mayores discusiones, las evidencias arqueológicas en sentido contrario continuaron apareciendo día a día. Es difícil recordar todos los trabajos publicados en esos años pero el artículo de Robert Wauchope titulado *House Mounds at Uaxactun* publicado en 1934 fue clave en la polémica que lentamente se establecería. Wauchope decía que los esfuerzos realizados hasta el momento habían estado centrados en la arquitectura de la élite dejando de lado otros tipos de construcciones, en especial los montículos habitacionales. Además se sabía muy poco sobre la forma de vida del pueblo mismo, de su producción cerámica, sus alimentos, sus instrumentos de trabajo y sus objetos y posesiones. La única forma de modificar la situación era la excavación sistemática de basamentos de viviendas simples, dejando un poco relegada la gran arquitectura cívico-religiosa. A lo largo de su trabajo Wauchope revisó todas las fuentes disponibles de la época: cronistas, graffiti, pinturas murales y la información arqueológica ya recabada, la que luego comparó con los resultados de los montículos que había excavado en Uaxactún. El estudio, si bien reducido, representó un avance ya que intentaba definir con precisión cuándo se estaba frente a un basamento habitacional y cuándo no:

> "la excavación de montículos de viviendas deberá ser parte de todo trabajo arqueológico en la región maya. Los montículos habitacionales proveerán indudablemente de gran parte del esqueleto material necesario, que de otra forma es sólo encontrado irregularmente en la excavación de grandes edificios".

En los años siguiente se hicieron algunos otros trabajos que merecen tenerse en cuenta. Por ejemplo Samuel Lothrop emprendió un reconocimiento de los alrededores del lago Atitlán (1933) donde detectó muchas de las que él llamó "ruinas de casas", aunque al igual que en Tulum únicamente se basó para su identificación en la gran cantidad existente. Caso contrario es el de Alfred Kidder (1935), quien utilizó para diferenciar una vivienda de los edificios de otros tipos la abundancia de basura doméstica a su alrededor.

Entretanto ya se habían publicado los trabajos de Oliver y Edith Ricketson y otros en Uaxactún, quienes trataban de interpretar científicamente –es posible que por primera vez-, la estructura de un asentamiento maya. En 1937 los Ricketson publicaron un libro en el cual presentaron los resultados de un mapeo de basamentos de viviendas en una amplia zona de los alrededores, al tiempo que planteaban una posición teórica en base a dichos restos (Ricketson y Ricketson 1937; Smith 1937).

Para este trabajo que sin duda fue notable en su época comenzaron los autores con el estudio del patrón de poblamiento haciendo un recorrido en forma de cruz alrededor de Uaxactún, mapeando con detalle los montículos que se encontraban en una superficie de casi 2.300.000 m2. Los recorridos se hicieron cuando no había aun experiencias previas –lo cual justifica algunos errores-, y con un corte de la vegetación poco sistemático, por lo cual lo que vieron fue sólo una parte de lo que había. Hoy en día lo podemos decir

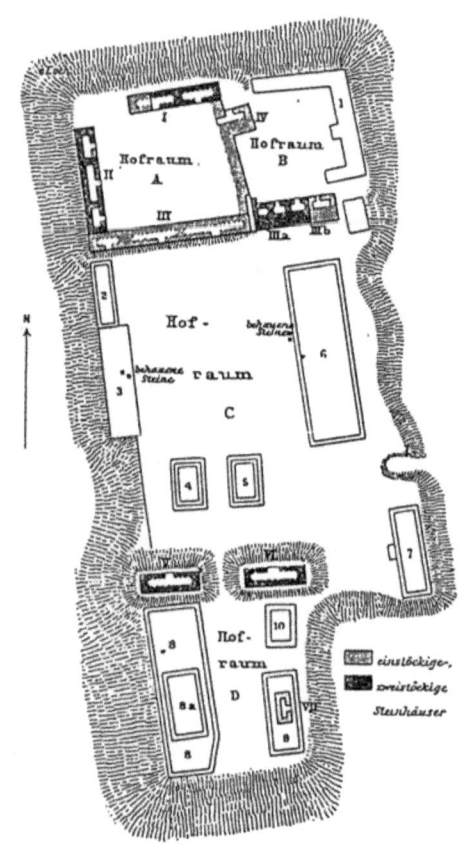

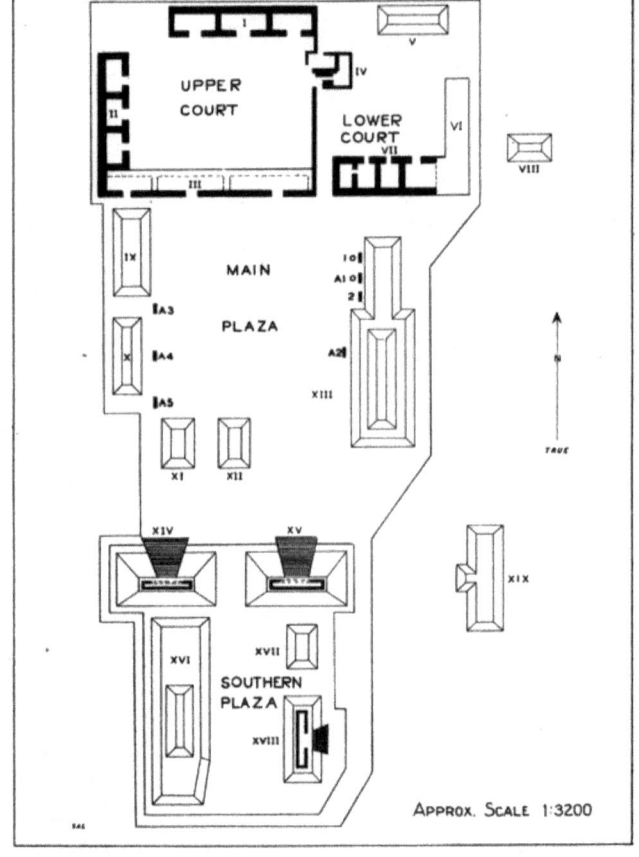

9.a **San Clemente, Guatemala**, área central del sitio mapeado en forma rápida por el vulcanólogo alemán Karl Sapper en el siglo XIX, sin incluir el entorno del sitio (de: Karl Sapper, The old indian settlements and architectural structures in northern Central America, *Smithsonian Institution Annual report*, pp. 537-555, Washington, 1895)

9.b **San Clemente, Guatemala**, plano de Frans Blom hecho en 1928, aunque se modernizó el sistema de representación el sitio seguía siendo sólo la gran plataforma y sus edificios (de: Sylvanus Morley, *The inscriptions of Peten*, Carnegie Institution, vol. V, parte 2, Washington, 1937; lam. 207)

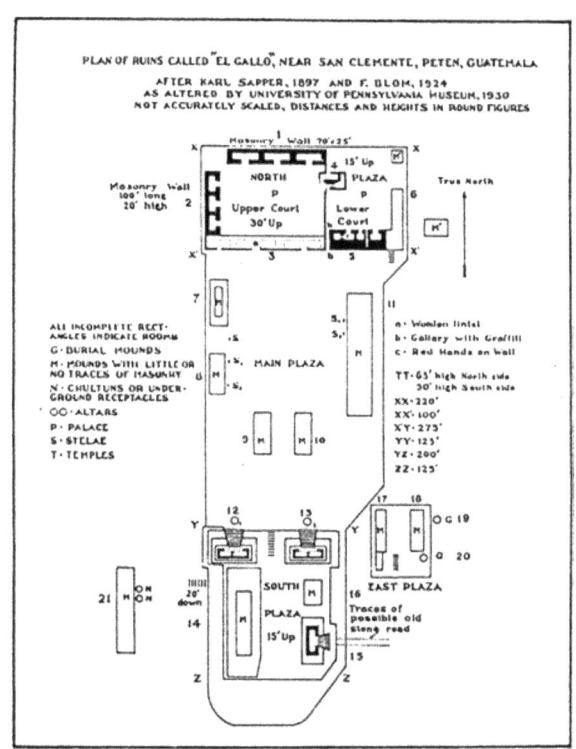

9 c

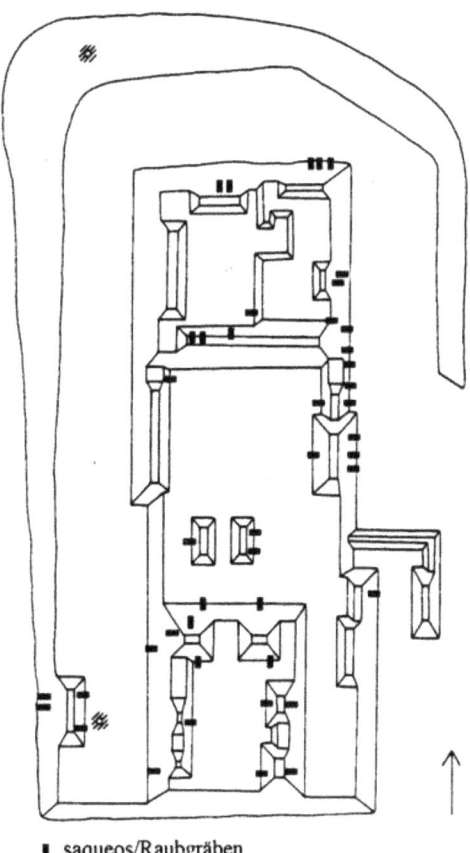

9 d

9.c **San Clemente, Guatemala,** plano de 1931 en que la rapidez del mapeo vuelve a simplificar el conjunto (de: Percy Madeira, An aerial expedition to Central America, *University of Pennsylvania Museum Journal* vol. 22, no. 2, pp. 95-153, Philadelphia, 1931)

9.d **San Clemente, Guatemala**, plano expeditivo reciente donde se observa que el conjunto es una unidad compleja sobre un basamento artificial. Es ejemplo de la diversidad de técnicas de representación que están en función de los objetivos para el cual se ha mapeado; en este caso el indicar las trincheras de saqueo (de: Oscar Quintana Samayoa, Sitios mayas menores en el noroeste del Petén, Guatemala; un programa regional de rescate del Proyecto Triángulo Yaxhá, Nakum y Naranjo, *Beitrage zur Allgemeinen un Vergleichenden Archaologie*, tomo 16, pp. 227-262, Mainz, 1996; fig. 260) porque no hace mucho el área fue nuevamente estudiada por Dennis Puleston con mayor rigor y tecnología. Los Ricketson hallaron en esa superficie 50 chultunes y 78 basamentos de viviendas, lo que sabemos que representó el 40 % aproximadamente de lo que allí existía. Pero lo interesante es que sólo el 57 % de la tierra era habitable ya que el resto estaba cubierto por bajos o pantanos; también había que descontar otra parte porque estaba ocupada por los grupos de grandes edificios del área central. Los cálculos de población eran entonces de unas 40 viviendas por km2, es decir casi 300 habitantes, lo que para muchos fue significativamente alto. Pero también era lógico suponer, como lo hicieron los autores, que sólo una parte de esos montículos estuvieron habitados simultáneamente –se calculó un 25%-, lo que significaba reducir la cifra a 75 habitantes para esa misma superficie. Esta densidad, alta o baja según el punto de vista, fue el primer paso de un estudio científico del problema. Los autores determinaron las posibilidades productivas por habitante y por superficie, tratando de hacer cálculos de población a partir de la producción potencial de la superficie productiva; eso también constituyó un trabajo pionero. Pero aquí las cosas empezaron a fallar metodológicamente: en primer lugar porque se creyó que era posible extrapolar datos extraídos de la etnología de los indígenas actuales para los mayas antiguos. Posiblemente se pueda argumentar que no había otros datos que manejar, pero la diferencia radicaba entre asumir una hipótesis o aceptarla como demostrada. Este estudio mostró que la investigación se manejaba con la fuerza de ciertas ideas establecidas y las posiciones personales de algunos investigadores que las sostenían aunque terminaran construyendo tautologías: si las evidencias mostraban que la densidad era grande y "se sabía" que la agricultura existente no podía sostener esa población, entonces las opciones eran: o que los investigadores estaban equivocados, o lo que vieron estaba mal –es decir, no todo era contemporáneo-, o se lo dejaba de lado y se seguía pensando igual sin hacer demasiado caso a lo descubierto. Un problema interesante en la historia de la arqueología americana.

En forma paralela hubo en esos años muchos esfuerzos dispersos por comprender mejor el territorio maya y la cultura de ese pueblo; durante las décadas de 1920 a 1950 se impulsaron largos estudios sobre temas relacionados con el uso de la tierra, los sistemas de cultivos, las enfermedades y la salud, la organización social, los idiomas y dialectos, la vegetación natural, demografía y otros aspectos que fueron sintetizados en libros célebres como *La civilización maya* de Sylvanus Morley. Este libro - que analizamos más adelante- al igual que otros daban un primer panorama científico de la región, pero no permitían aun hacer una detenida reconstrucción del pasado; lo que se hacía era más etnológico que arqueológico y no había demasiadas evidencias que permitieran transferir hacia atrás el presente. Oliver Ricketson dijo en uno de sus textos, en cierta forma contradiciéndose a sí mismo:

> "Las grandes ruinas a las cuales nos referimos como ciudades, nunca fueron a mi opinión comunidades urbanas en nuestro sentido actual de la palabra. Ellos fueron centros donde la población de los alrededores se reunía para participar de los mercados semanales y las fiestas religiosas importantes, realizadas en las bien pavimentadas plazas, como lo hacen hoy en Sololá y Chichicastenango. (...) Esta teoría está sostenida por dos hechos incontrovertibles: primero, los grupos de pirámides, montículos y templos alrededor de las plazas que forman las ruinas del Viejo Imperio no ofrecen comodidades para la gente común; asimismo los edificios con varias cámaras al norte del Yucatán son totalmente inadecuados para la población baja".

De aquí surge que se asumía en forma mecánica la analogía entre los sitios actuales en las tierras altas de Guatemala, como Chichicastenango en 1930, y la población en las tierras bajas antiguas como Uaxactún. Con el sistema de cultivos sucedió algo similar al trasladar hacia atrás el rudimentario sistema utilizado en esa época, el cual, según evidencias más modernas no era igual –o por lo menos no era el único- al que se utilizaba en tiempos prehispánicos. En realidad algunos simples errores teóricos distorsionaban la visión del pasado. El punto que podía haber echado luz sobre el tema fue soslayado por los autores quizás porque no pudieron explicarlo o sencillamente porque no revestía importancia dentro de su modelo: la presencia de montículos habitacionales por doquier, casi sin interrupción a lo largo de enormes superficies del territorio y las evidencias materiales de canales, terrazas de cultivo, camellones, árboles foráneos y otras evidencias que indicaban un uso intenso del espacio rural. Y si bien algunos lo notaban y lo destacaban en un par de líneas, no observaron la importancia que esto tenía al permitir visualizar lo complejo del sistema de uso de la tierra y la concepción misma de los asentamientos mayas.

La hipótesis de las ciudades interpretadas como centros de ceremonias vacíos, en lugar de enfrentarse con la realidad arqueológica se vio consolidada por los trabajos etnográficos, o viceversa con los estudios de Robert Redfield, Alfonso Villa Rojas, F. W. McBryde, Charles Wisdon, Sol Tax y varios otros –sobre todo en los altos de Chiapas y Guatemala-, los que ayudaron a extrapolar los fenómenos actuales en esas comunidades, postulando que los mayas de más de mil años atrás vivían de la misma forma que en el presente lo hacían algunas comunidades. Robert Redfield llegó a definir un modelo de transición de la vida rural a la urbana en forma de un continuum que, curiosamente, aún tiene vigencia entre historiadores y urbanistas no adentrados en el tema (1930, para una crítica ver Schávelzon 1979 y 1980). Redfield mismo fue contratado por la Institución Carnegie para suministrar información etnográfica a sus arqueólogos durante más de una década. Fue un caso interesante ya que su estructura evolutiva de asentamientos fue realizada con pueblos mayas modernos del Yucatán (Redfield 1941), creando un proceso continuo, lineal, "de transición" como lo llamaba él mismo, entre lo que consideraba como la tribu, la aldea, la villa y la ciudad. Esta visión fue rápidamente criticada por Oscar Lewis en su obra sobre un poblado mexicano titulada *Tepoztlán reestudiado* (1951), con la cual se inició la antropología social en México. Pero el modelo de Redfield fue asumido acríticamente pese a las diferencias que presentaban los asentamientos de tierras bajas y los de tierras altas e incluso fue extrapolado hacia la antigüedad, muchas veces con poca seriedad. Se terminaba de cerrar el círculo reconfirmando así las hipótesis ya asumidas por Ricketson, Thompson y Morley. El estrecho contacto entre estas dos ramas de la antropología –si bien resultó fructífero en cuanto a trabajar interdisciplinariamente- fue lo que la arqueología necesitaba para consolidar su postura teórica, a tal grado que los etnólogos en la década siguiente ya podían definir sin dudar a las ciudades mayas como centros ceremoniales, sin que surgiera crítica alguna.

Pero es interesante revisar la evolución de estos conceptos, ya que como Marshall Becker lo analizara (1971) no hubo en Eric Thompson una idea clara sobre lo que él mismo estaba estableciendo. Thompson, salvo en una oportunidad, nunca mencionó en sus trabajos académicos la hipótesis de centros ceremoniales de ninguna índole y menos aún vacíos. No prestó atención a su propia división de la sociedad en sólo dos grandes grupos, de manera que tampoco llegó a conclusiones como la del colapso maya por

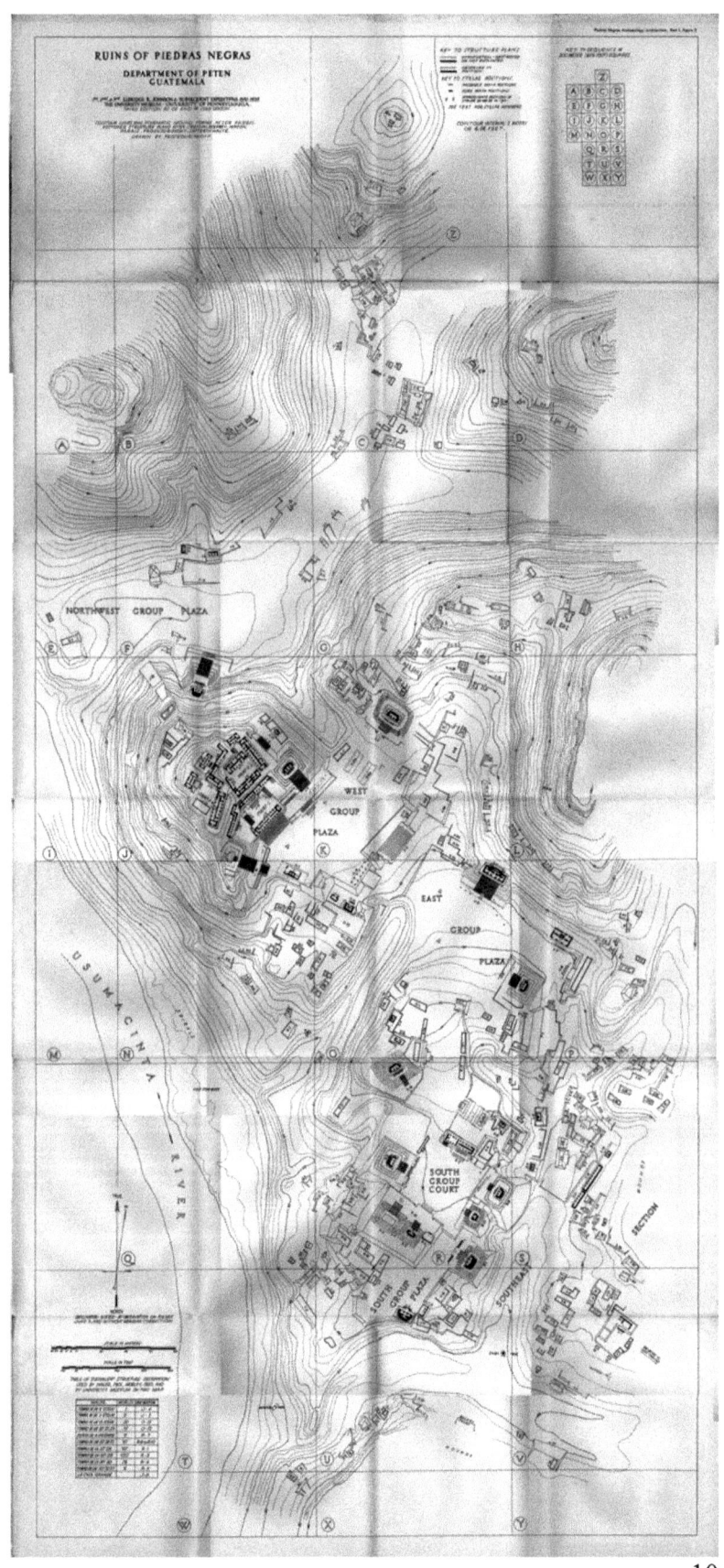

10. **Piedras Negras, Guatemala**, uno de los mejores ejemplos de cartografía arqueológica de inicios del siglo XX; se aprecia la dimensión del sitio, la compleja topografía y su utilización, aunque no se mapea el enotrno en busca de montículos habitacionales (de: Linton Satterthwaite, *Piedras Negras Archaeology: architecture*, parte 1, University Museum, Philadelphia, 1943-54; fig. 3)

culpa de una "revolución social". Utilizó estas ideas solamente en la bibliografía de divulgación, donde dio muchas veces rienda suelta a su imaginación sin tener pruebas sólidas en qué apoyarse; no es que no tuviera derecho a hacerlo, pero lo notable es que fue creando una hipótesis que nunca se comprobó aunque llegó a institucionalizarse y a transformarse en una verdad absoluta. Aún hoy en día es común en casi todos los niveles académicos de América Latina, y muchos de los Estados Unidos, el aceptar la existencia de "centros ceremoniales".

Pasaron así varios años en los que se siguió acumulando información de un tipo e interpretaciones de otro; naturalmente también surgieron críticas hacia ambas posturas, pero si bien la arqueología siguió creciendo, en la cuestión del urbanismo nada cambiaba salvo para unos pocos. Entre ellos podemos destacar a A. Ledyard Smith quien hizo un largo reconocimiento en las tierras altas de Guatemala que publicó en 1955. En él notaba con asombro la envergadura de los asentamientos que como en Chuitinamit habían basamentos de vivienda sobre las más de 400 terrazas, sin que por ello se descartara que las construcciones de piedra existentes en la parte superior correspondieran a una élite. Este magnífico estudio de Smith permitió conocer un número considerable de sitios mayas en una sola región, muchos de los cuales demostraron ser contemporáneos entre sí, probando una larga e intensa ocupación conectada con las tierras bajas del Yucatán.

En cuanto al levantamiento de planos de los sitios mismos, la difusión de la arqueología científica tendió a irlos limpiando de cualquier agregado no arqueológico, es decir a sacar los dibujos de árboles, casas o caminos para dejar únicamente montículos o construcciones antiguas. Esta tradición fue la que retomó la Institución Carnegie cuyos planos fueron tan asépticos que se llegó a casos en que los edificios antiguos quedaban dentro de ranchos o poblados modernos, lo que no se indicaba en absoluto, marcando exclusivamente las ruinas. Los montículos fueron poco a poco desdibujando sus límites reales para irse perfilando en cuadrados, rectángulos o círculos. A menudo la orientación de estos montículos reticulados no importaba, lo que causó muchos errores cuando se trató de interpretar su orientación o forma. Se trataba de una manera consensuada de representar los numerosos restos informes que se observaban antes de excavar, y esa técnica sólo pudo ser superada muchos años después. Ver el volumen V de *The Inscriptiones of Peten* de Sylvanus Morley (1937/8) significa encontrarse con una obra monumental pero que presenta arduas dificultades de lectura cartográfica.

La manera de mapear un sitio siguió siendo igual a la del siglo XIX: se procedía a limpiar la mayor cantidad posible de terreno alrededor de la zona de edificios más grandes o en los grupos menores que contaran con estelas o monumentos y luego se triangulaba con el teodolito ubicando los edificios. En casos excepcionales se utilizaron técnicas más complejas, como en Uaxactún, donde se limpiaron brechas en dirección a los cuatro puntos cardinales tratando de mapear luego los montículos encontrados. Aun no se entendía que era importante tomar en cuenta hasta qué punto se efectuaba el deshierbe, ya que incluso en el caso de Uaxactún como citamos antes, al realizarse muchos años más tarde el mismo trabajo en el mismo lugar se ubicó un 60% de montículos no observados en el primer reconocimiento.

Tal vez el trabajo regional sistemático más notable de esos años fue el de Karl Ruppert y John Denisonn en el sur de Campeche (1945), y aunque los planos no son completos, conformaron un modelo de trabajo pocas veces superado en calidad y cantidad. En el

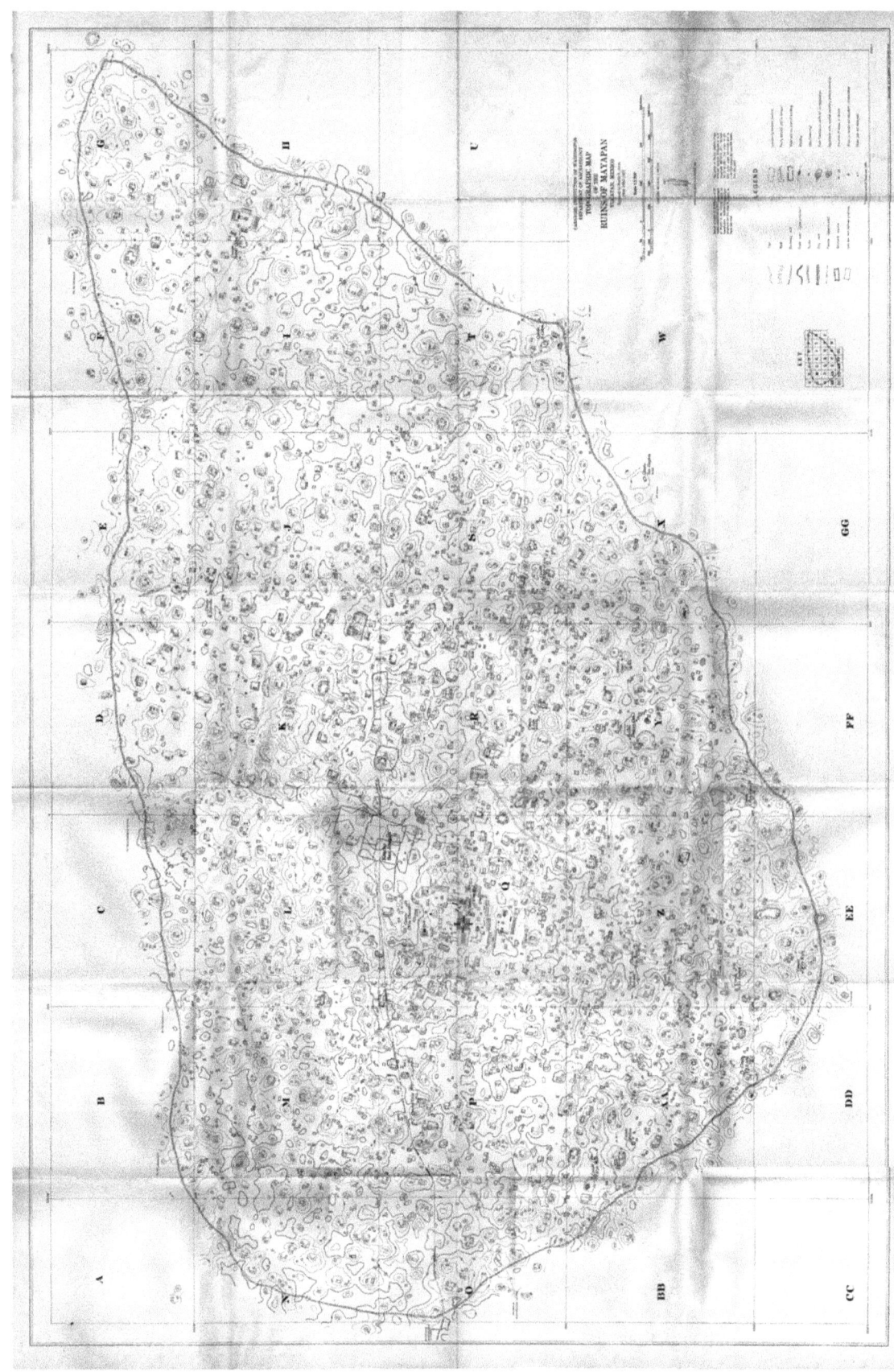

11.a **Mayapán, México**, plano de Morris R. Jones hecho en 1949-1951; por primera vez se reconoce la cantidad de unidades habitaciones existentes y en este caso rodeadas por muros perimetrales en cada una de ellas y todo envuelto por una muralla; significó el mapa necesario para acabar la idea de los Centros Cremoniales mayas (de: Morris R. Jones, *Map of the ruins of Mayapan, Yucatan, Mexico*, Current Reports N° 1, pp. 2-6, Carnegie Institution, Washington, 1952)

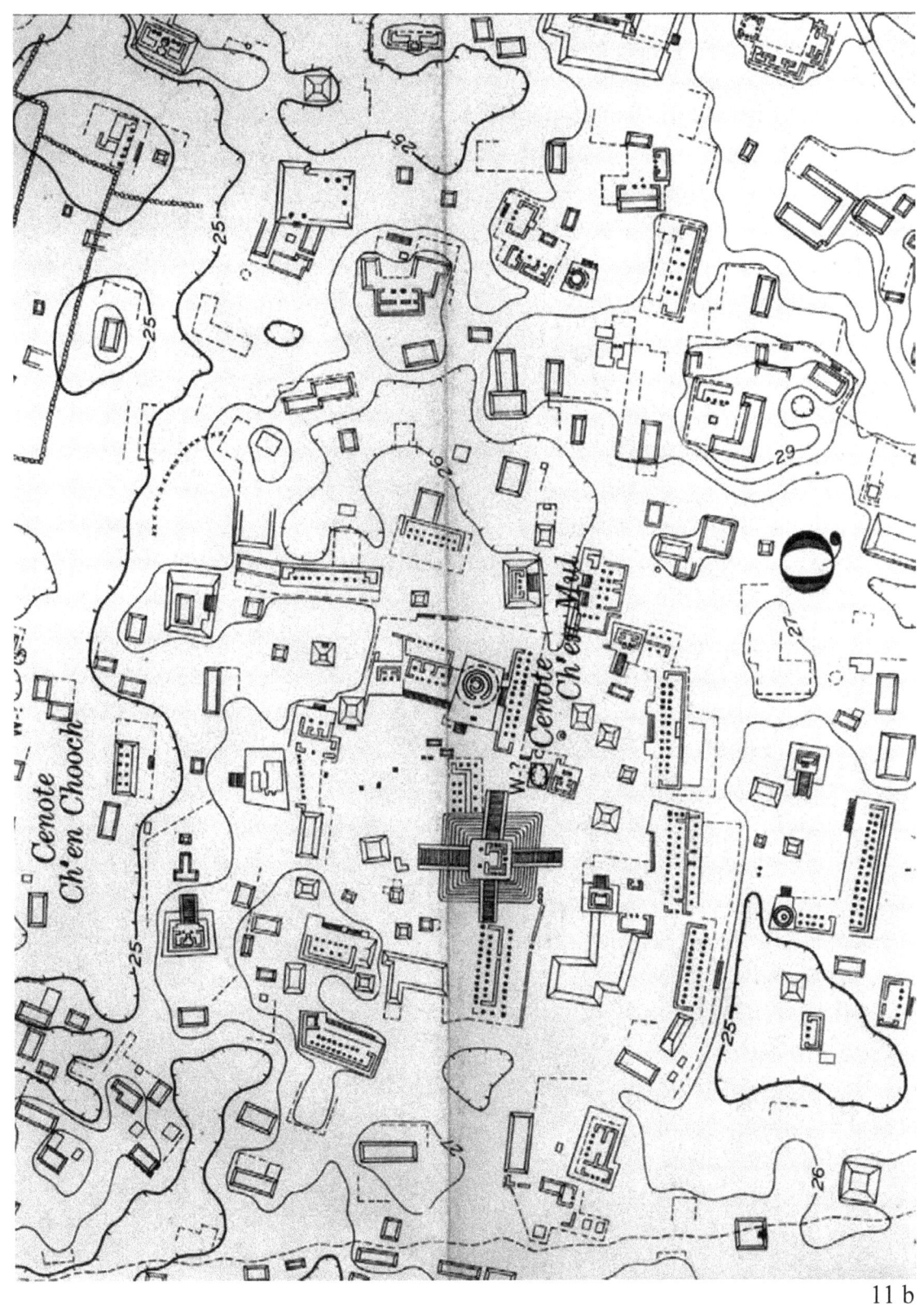

11.b **Mayapán, México**, detalle ampliado de plano anterior en que se destaca el área central que incluye las pirámides y edificios principales, como un sector, no como totalidad de la ciudad (de: Morris R. Jones, *Map of the ruins of Mayapan, Yucatan, Mexico*, Current Reports N° 1, pp. 2-6, Carnegie Institution, Washington, 1952)

caso de Becán, por ejemplo, planos posteriores hechos por David Webster y por Prentice Thomas permitieron agregar información al plano de Ruppert y Denisonn y luego incluirlo dentro de un mapeo más amplio de la región. En cambio el trabajo también sistemático de Edwin Shook para reconocer el Valle de Guatemala y sus alrededores, una tarea notable que le llevó muchos años de su vida, se hizo con esquemas muy simples de cada sitio pero con una excelente cartografía de ubicación regional (Shook 1962). Las diversas calidades y técnicas de trabajo de la época pueden notarse en el plano de Chichen Itza, donde el sector mapeado por O'Neill muestra muchísimas construcciones más que la parte mapeada por Kilmartin (1924 y 1929), lo que se corroboró cuando Shook, Ruppert y otros regresaron veinte años después a la zona central de ese sitio y descubrieron otros montículos y edificios – incluyendo algunos de gran tamaño- que no habían sido notados en el mapeo inicial de la Carnegie. Los problemas de este tipo han causado innumerables dificultades en los estudios sobre patrones de asentamiento, densidades o usos del suelo, por las dudas que surgen en cuanto al grado de exactitud de cada plano, debido en su mayor parte a lo difícil que es relevar montículos en zonas cubiertas de vegetación.

En 1946 apareció el libro más difundido en el mundo sobre los mayas, el ya citado *La civilización maya* de Sylvanus Morley, editado originalmente en inglés y un año después en español (hay cuatro ediciones en México). El libro de Morley, escrito poco antes de su muerte y después de haber dirigido los trabajos de la Carnegie por más de treinta años, fue la primera síntesis general y por mucho tiempo la única sobre los mayas que cubrió todos sus aspectos: arte, lengua, jeroglíficos, arquitectura, tradiciones, religión y vestimenta, entre otros variados temas, superando ampliamente el libro similar de Thompson citado. Como obra de síntesis innegablemente fue estupenda y a todos nos ha servido como introducción al tema gracias a su accesible traducción al español, pero el problema residía en las posiciones teóricas que Morley asumía para interpretar el mundo maya. Según un notable especialista en los mayas, Alberto Ruz (1978):

> "su esquema histórico (...) es totalmente inaceptable. Ya cuando escribió su obra sus ideas fundamentales sobre el desarrollo histórico de los mayas habían sido de hecho invalidadas (...), por tal razón, después de su muerte se publicó una versión revisada por George Brainerd en la que eliminaron todos los conceptos de Morley sobre la historia maya (...), Morley con gran ligereza hacía afirmaciones enfáticas sobre puntos insuficientemente conocidos en ese entonces y se aferraba a sus ideas aún cuando nuevos hallazgos las volvían insostenibles".

Morley creía que lo más importante en el mundo maya había sido la religión y conectado con ella el calendario junto al estudio minucioso del paso del tiempo. Coincidiendo en eso con Thompson, Morley decía que alrededor de lo espiritual había girado todo el mundo prehispánico, y que la organización social, económica y política podía reducirse a una teocracia en la que reinaba la felicidad y el amor en una estructura social estática, inmutable, inmersos todos en la metafísica del tiempo y los valores inconmensurables del estudio de la eternidad universal. Entender el funcionamiento del calendario era, paradójicamente, entender la sociedad de los mayas. Ambos autores asentaron en diferentes formas que las estelas, altares y otros monumentos con inscripciones jeroglíficas eran únicamente un canto y glorificación al tiempo, a los dioses y a la religión, y que jamás se había escrito una sola frase de carácter pedestre.

Hoy sabemos que esa interpretación se basaba solamente en que en esa época en los monumentos sólo se podían leer las fechas y casi nada se comprendía de los otros glifos. Ahora que la lectura ha avanzado sabemos que por el contrario, la gran mayoría de las inscripciones hablan de la vida y de la muerte, de la historia de hombres y mujeres que reinaron y conquistaron, por la fuerza y violentamente, a otros pueblos también mayas o más lejanos aún.

La sociedad ideal de campesinos tranquilos y gobernantes bondadosos, de los *griegos de América*, nunca existió más allá de la imaginación de estos notables investigadores, que no supieron hacer compatible su calidad académica con sus intenciones divulgativas. Todo esto vino a reforzar aún más la idea de los centros ceremoniales a los que ahora podía sumársele toda una visión reconstructiva de la sociedad maya, llegándose a postular que los grandes edificios de las ciudades habían sido construidos con el esfuerzo mancomunado y voluntario de campesinos que, dichosos de poder hacerlo, sacrificaban su esfuerzo a los dioses y a sus buenos dirigentes.

Vale la pena volver a lo que dice Morley en su libro en el capítulo titulado *Arquitectura*. Comienza refiriéndose al trabajo de los Ricketson en donde se establecía para Uaxactún una población de 104,5 habitantes por km2 de tierra habitable. Si bien aceptó estas cifras, por un lado citó a Fray Diego de Landa quien habló de ciudades densamente pobladas y asentadas en forma diferencial según clases sociales – claro que en el siglo XVI- y por otro planteó que esas cifras de Uaxactún debían ser tomadas como excepcionalmente altas, toda vez que eran las de una zona encerrada entre dos grandes ciudades, dando un promedio más alto que otras regiones del territorio. Incluso postuló que cada familia tenía simultáneamente dos viviendas en vez de una para reducir así las cifras a la mitad y que el 30 % de los montículos fueron encontrados formando grupos, no unidades independientes; era como si él quisiera que el territorio maya estuviera menos densamente poblado en el pasado que lo que los datos de campo indicaban. Fue más lejos aún, ya que partiendo de la idea preconcebida aunque imperante de que los mayas antiguos utilizaban únicamente una agricultura de milpa y coa, la densidad promedio que la producción de la tierra permitía sostener –en el siglo XX lógicamente- era de 20 personas por km2, esto reducía en mucho las cifras de los Ricketson. Consecuentemente Morley se asombraba al comparar ese dato con la información que se tenía del Valle de México la que era quince veces mayor. En términos generales, Morley veía extrañado y hasta confuso la información que él manejaba y si bien los *centros de población* como los llamaba, pudieron haber tenido una población densa (había algunas evidencias contundentes), eso no quitaba que considerara que en la Época Clásica las ciudades no eran más que centros religiosos. La única salvedad era que, en el caso de Mayapán, las evidencias mostraban que "las ceremonias religiosas habían dejado de ser la única ocasión en que los mayas se reunían"; pero todo quedaba allí, reducido a un único caso aislado y supuestamente excepcional.

Para terminar con esto Morley hizo una muy discutible clasificación de las ciudades mayas en algo así como rangos de importancia, basada casi por completo en el número de estelas existentes en cada una de ellas. Más adelante efectuó un sucinto análisis de lo que él llamó *centros cívicos-ceremoniales* de cada una de las ciudades principales. Al terminar, el lector tanto de la versión original como de la más tardía revisada por George Brainerd, queda verdaderamente sumido en el desconcierto. Si Morley estaba confundido, el lector no se quedará atrás.

En ese rumbo de pensamiento, en 1945 se había publicado en México un artículo largo de Thompson titulado *Un vistazo a las "ciudades" mayas: su aspecto y función*. En el primer párrafo expresaba con toda claridad que

> "la palabra ciudad se aplica con frecuencia a las ruinas mayas aunque a nuestro juicio no es la más adecuada. Hay razones suficientes para creer que nunca fueron poblaciones habitadas sino centros religiosos a los que acudía la población que vivía en pequeños grupos dispersos en los campos circundantes, para las ceremonias religiosas, ciertas funciones civiles" y otras actividades similares. Y casi al terminar escribía "el conjunto del área central (...) puede describirse (...) como un sembrado de ciudades innumerables, o mejor de centros religiosos que varían en tamaño desde los que consisten en cuatro plataformas simples con templos en forma de choza (...) que estaban construidos alrededor de patios (...) a las vastas masas de plataformas y pirámides, palacios y templos ascendiendo dentadas como un concierto de Gershwin o agrupadas con una arquitectura armoniosa comparable a Brahms (...), podemos repetir que estos grandes centros estuvieron probablemente inhabitados salvo por unos pocos sacerdotes, novicios y ayudantes".

Este panorama cierra una época en la interpretación de los asentamientos mayas pero a su vez abre otra nueva. Desde 1950 la arqueología mayista continuó su curso a pesar de la retirada de la Institución Carnegie tras los trabajos de Mayapán, con la entrada al campo de nuevos investigadores con nuevas ideas. Por otra parte, el mundo también estaba cambiando y la estructura tanto cultural como económica y política en México como en otros países después de la posguerra ya no iba a ser la misma. Para los inicios de esa década la situación se había tornado confusa: por un lado muchos investigadores serios habían asumido la postura de Morley y Thompson pero otros tenían actitudes dubitativas, las que muchas veces se dejaban de asumir plenamente, incluso solucionando el problema de la forma más natural: ignorándolo, o posponiéndolo. Todo esto, que pudo haber sido una polémica positiva para la arqueología y la historia del territorio maya, no fue asumido con seriedad y como además las ideas imperantes eran de utilidad para un Estado nacionalista interesado en dar una visión idealizada de lo prehispánico –como era el caso de México-, sólo sirvieron para institucionalizar los errores.

Un libro que muestra el estado del problema en 1951 es la reedición ampliada de la obra monumental de Ignacio Marquina, *Arquitectura Prehispánica*, libro que a través de cuatro ediciones (1928, 1951, 1962 y 1981) sirvió para la formación de la actual generación de investigadores mexicanos por casi un siglo. No existe a la fecha otra obra que la reemplace pese a los muchos errores ya conocidos que tiene y a todo lo que ha evolucionado el tema. Marquina encaró el problema desde las primeras páginas, es verdad, pero sólo dedicando a las ciudades mayas y su territorio un par de hojas, trabajando fundamentalmente con la arquitectura. En la sección titulada *Las ciudades arqueológicas* escribió lo siguiente:

> "En general las ciudades prehispánicas se componen de un centro ceremonial que adquiere gran importancia en relación al tamaño de la ciudad, de una zona de palacios o residencias importantes (...) y por las habitaciones de menor importancia que se extienden en una gran superficie en sitios más alejados del

centro; (...) según parece, los centros ceremoniales estaban habitados por pocas personas, pues se reducían a los jefes, sacerdotes y empleados al servicio de los templos".

Cuatro renglones después el centro ceremonial se reducía a simples "recintos religiosos" contradiciendo sus palabras previas, siempre primando la visión teocrática. Poco más es lo que Marquina le dedicó al problema del uso del espacio y si bien hay algunos párrafos referidos al ordenamiento y distribución de los edificios (es decir a su trazado, orientación y a la de los grupos que conforman), no se va más allá de proponer una tipología que en realidad no es otra cosa que un ordenamiento en función de rasgos comunes en áreas geográficas determinadas.

El último gran trabajo arqueológico realizado por la Institución Carnegie fue el de Mayapán. Como el tiempo no había pasado en vano, se encaró desde el principio un estudio de características diferentes a las del proyecto en Chichen Itza, donde si bien se restauraron y excavaron muchos de los edificios en el transcurso de treinta años de trabajo, poco se había sacado en limpio sobre la vida en ciudad misma, o si siquiera era eso. En Mayapán se decidió mapear todo el lugar con mucho detenimiento desde un principio, lo que mostró la existencia de cuatro mil estructuras en una superficie de cuatro kilómetros cuadrados (Pollock, Roys, Proskouriakoff y Smith 1962).

Estas cifras recordaban demasiado las palabras de Fray Diego de Landa respecto a la forma de vida urbana de los mayas y su peculiar modo de uso del suelo, caracterizado por una división en clases sociales que se asentaban en forma de círculos concéntricos. De estas cuatro mil estructuras, la gran mayoría se encontraba dentro de un extenso recinto amurallado y los grandes templos al igual que los edificios residenciales y de élite se hallaban agrupados en el centro de la ciudad. El resto eran conjuntos de construcciones menores rodeando patios cuadrangulares; por lo general encerrados o delimitados por su propio muro rústico de piedra, que no se diferenciaba mucho de lo que pasaba en ese mismo momento en los poblados del Yucatán indígena. Es decir que los arqueólogos se enfrentaron con la evidencia de que Mayapán había sido una ciudad muy densa, de unos once a doce mil habitantes (calculados a un promedio de 5,6 habitantes por vivienda), y que por fuera de las murallas también había muchos otros montículos organizados en forma similar. Pese a ello, prácticamente durante toda la década de 1950 se tuvo por consigna que Mayapán había sido sólo un caso excepcional, tardío y casi contemporáneo a la conquista, que había funcionado como un ciudad feudal amurallada donde los campesinos vivían afuera en sus milpas y sólo que en caso de guerra se refugiaban dentro de las murallas. La idea del agrupamiento urbano fue explicado como una tardía tradición importada del altiplano mexicano. Es decir que la realidad se amoldaba al modelo teórico.

Hasta tal punto se creyó en esta hipótesis que los arqueólogos no continuaron el mapeo fuera de las murallas. Se podría suponer que el modelo teórico estaba tan fuertemente arraigado que si hubieran mapeado afuera podrían haber surgido dudas acerca de sus ideas, por lo que directamente se abstuvieron de hacerlo. Incluso en un primer momento no se dio ninguna importancia a los muros que delimitaban solares; fue A. Ledyard Smith quien en 1962 publicó un artículo demostrando que era posible observar las ya citadas delimitaciones de terrenos familiares, rompiendo con otra vieja creencia: que los mayas vivían en comunidad y que no existía la propiedad de la tierra. Por lo menos, esto

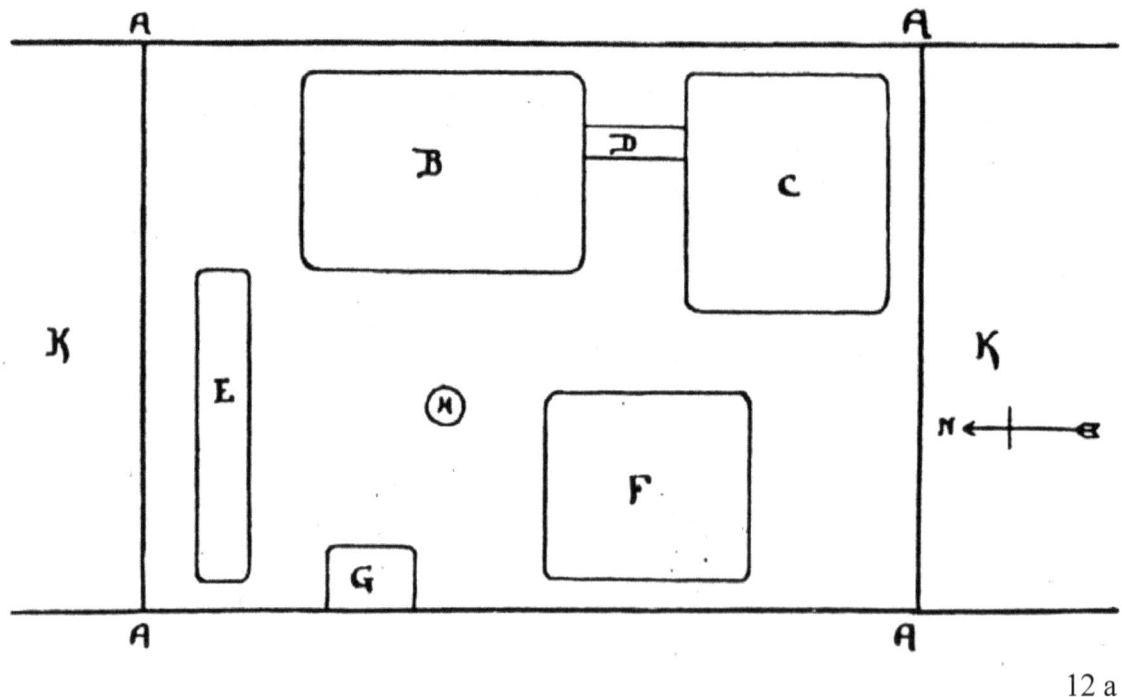

12.a **Lubaantun, Belice**, plano muy esquemático resultado de un primer reconocimiento regional en 1905 que reduce el lugar a sólo cinco montículos (Thomas Gann, en: The ancient mounds of northern Honduras and the adjacent parts of Yucatan and Guatemala, *Journal of the Anthropological Institute* vol. 35, pp. 72-87, Londres, 1905; fig. 1)

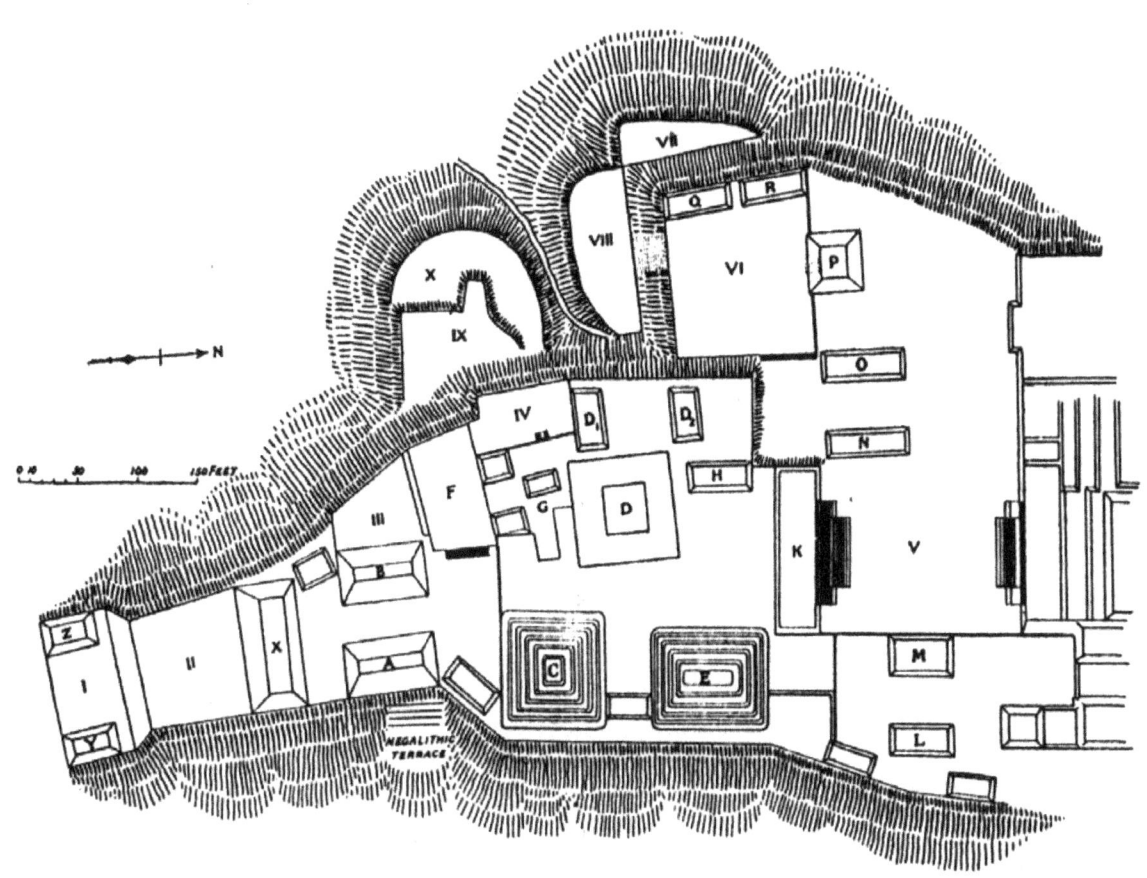

12.b **Lubaantun, Belice**, plano caracteristico de la década de 1920 mostrando el conjunto central sin mapear los alrededores, expresión de la teoría de los Centros Ceremoniales (de: Thomas A. Joyce, publicado por él en Report on the investigations at Lubaantun, British Honduras in 1926, *Journal of the Royal Anthropological Institute*, vol. 56, pp. 207-230, Londres, 1926)

planteaba la posibilidad de que la explotación y usufructo del espacio urbano estuviera al menos en parte en manos de particulares o familias de linaje.

Otro aspecto importante de Mayapán fue que se trabajó detenidamente en unidades habitacionales demostrando que éstas contaban con instrumental, objetos y cerámicas diferentes a los provenientes de las residencias de clases más altas, y a la vez distintos de los objetos que se hallaron en palacios y templos. Esto permitió empezar a definir cuándo se estaba frente a un tipo u otro de arquitectura y el probable uso de los edificios. El impacto producido por lo que este sitio dejaba entrever fue sentido por muchos investigadores, incluso varios de los que trabajaban para las instituciones que habían sostenido las hipótesis más tradicionales. En base a ello y a la constante insistencia de Robert Wauchope en las viviendas y a sus evidencias arqueológicas, es que Karl Ruppert, Edwin Shook y A. Ledyard Smith regresaron a excavar pequeños montículos y encontraron valiosa información, pero por desgracia no las incluyeron en el plano ya existente, lo que hubiera ayudado a cambiar más rápidamente la imagen de ese sitio (Smith 1962); hoy manejamos habitualmente el plano grande y no el área reestudiada.

Otro estudio que se debe recordar antes de dejar esta etapa es el de Linton Satterthwaite en Piedras Negras. Este conjunto de ruinas ubicadas a un lado del río Usumacinta representó uno de los esfuerzos cartográficos más notables de la época (fue hecho por el University Museum de Pennsylvania con ayuda de la Carnegie). El plano del sitio mostraba la complejidad de una ciudad maya –por lo menos en su centro- y las dimensiones que podía haber tenido. Pero Satterthwaite aprovechó la información obtenida en el sitio para publicar una serie de seis tomos sobre la arquitectura del lugar. Dedicó uno a los templos y los demás a los baños de vapor, juegos de pelota, viviendas y las diversas tipologías de arquitectura que logró clasificar en base a información puramente arqueológica (Satterthwaite 1943/52). Tras los intentos tempranos de William Holmes a fin del siglo XIX y los de Ignacio Marquina en 1928, fue la más completa clasificación arquitectónica maya que se había realizado y sirvió de base para todo estudio ulterior. Los tomos aparecieron entre 1943 y 1952 aunque los estudios del autor en este tema se habían iniciado en 1937. Algo parecido sucedió con los trabajos de Harry Pollock, quien desde 1930 recorrió exhaustivamente el Yucatán central publicando diversos artículos, aunque su gran obra monumental sobre la arquitectura Puuc debió esperar hasta 1980 para ser publicada en enorme formato.

En cuanto a los estudios del territorio hay que recordar un libro que resultaba mucho más alentador de lo que fue; el libro de Felix W. McBryde sobre la geografía cultural e histórica del sudoeste de Guatemala (1947) el que daba un panorama muchísimo más rico que el contemporáneo de Sylvanus Morley y si bien no adentraba demasiado hacia el pasado daba una visión del territorio que nadie había construido. Es de lamentar que no se siguió esa línea en su momento; con los años la New World Archaeological Foundation iniciaría un proyecto similar en Chiapas aunque nunca –pese al centenar de libros que editaron- lograron una visión de conjunto de tal calidad.

VI

Los estudios de patrones de asentamiento y sus resultados
(1950-1970)

Entre 1953 y 1955 se comenzaron a sentir vientos de cambio en la investigación arqueológica del territorio mesoamericano, por lo menos en lo que tenía que ver con la arquitectura y las ciudades, pese a que las ideas surgidas en épocas anteriores habían llegado a institucionalizarse a través de una reedición de *La civilización maya*, revisada por George Brainerd y por el nuevo libro de Thompson llamado *Grandeza y decadencia de los mayas*, ambos de 1954. Asimismo algunos proyectos que hubieran podido dar información alternativa a estas ideas prevalecientes, como fueron los de Mayapán y Kaminaljuyú, tuvieron muchos problemas: de Kaminaljuyú nunca se publicó siquiera el plano completo (Schávelzon y Rivera 1988) y el de Mayapán fue mal interpretado tal como ya vimos. Lo que sucedía entre sitio y sitio seguía siendo un enorme misterio del que ni siquiera se hablaba. Pero el cambio pareció asomarse detrás de un libro que atacó frontalmente el problema de lo que se llamó a partir de ahí los *patrones de asentamiento* de la época prehispánica: fue el trabajo de Gordon Willey (1953) sobre el Valle del Virú, en la costa peruana. Esa obra causó un profundo impacto en los círculos académicos ya que mostraba una manera diferente de estudiar las sociedades arqueológicas a partir de su forma de distribuirse y utilizar el territorio. Muy poco después Willey inició un estudio similar en Belice, tratando de aplicar el mismo sistema de investigación; los trabajos duraron de 1955 a 1965 y permitieron analizar un sitio completo (Barton Ramie) y su evolución histórica. Para ello se excavaron 65 montículos, pudiéndose averiguar cuál de los muchos basamentos habitacionales estuvieron en uso en cada período de su existencia realizándose planos por época para ese pequeño poblado. Fue el primer estudio llevado a cabo para conocer la forma en que un pueblo maya se asentó y utilizó su terreno circundante.

El problema que este estudio presenta al análisis actual es que al parecer los investigadores, impulsados por las ideas de Willey sobre el funcionamiento de la ciudad maya –que analizaremos más adelante en detalle-, llegaron a utilizar de forma discutible la metodología propuesta por ellos mismos. En consecuencia, se estudiaron los sitios de la región como si fueran aislados unos de otros, cuando en realidad formaban un continuo a lo largo de ambas márgenes del río (Willey, Bullard, Glass y Glifford 1965). Para los planos se pusieron límites arbitrarios, según dicen los mismos autores, porque no les fue posible distinguir diferencias entre los montículos de un sitio y los pertenecientes a otro. Es decir que trabajaron un asentamiento lineal cortado en sectores independientes, lo que hace pensar en que los autores sólo corroboraron hipótesis establecidas a priori. Pese a ello, el trabajo en Belice llamó la atención y mostró la posibilidad de llevar adelante esos proyectos en Mesoamérica.

En 1956 y nuevamente gracias al impulso dado por Gordon Willey y las diferencias de opiniones que había entre los investigadores, se hizo una reunión en torno a este tema que resultó en un libro importante: *Prehistoric Settlemente Patterns in the New World* (Willey 1953) en el cual se resumieron las diferentes posturas vigentes hasta ese momento y se mostró toda la información disponible. En ese libro se observaban dos posturas enfrentadas: la tradicional, que negaba los asentamientos complejos y densos, y la que apoyaba la idea de ciudades complejas; otra vez el *centro ceremonial* versus la *ciudad*. Por una parte los principales defensores del concepto de ciudad fueron Edwin Shook y Tatiana Proskouriakoff (1956) quienes ya habían tenido experiencias muy valiosas en este sentido. Shook desde 1940 se dedicaba a hacer un catálogo de los sitios arqueológicos de Guatemala, resultado del cual son las miles de fichas que aún tiene y que sólo se han publicado parcialmente; también había hecho un plano de Kaminaljuyú donde había visto las evidencias de una sociedad compleja y densa para el período Formativo. Proskouriakoff (1946) había dirigido el trabajo de Piedras Negras del que ya hemos hablado y luego había realizado para la Institución Carnegie una serie de dibujos muy conocidos con lo que ambos eran conscientes de la enorme cantidad de asentamientos mayas que existían. Incluso decían que lo que se llamaba habitualmente *centro ceremonial* no era más que la zona central de ciudades más grandes de las que solamente se había estudiado ese sector más llamativo.

Por el otro lado Willey sostenía la hipótesis del centro ceremonial, postulando que si bien existían sectores centrales complejos que agrupaban los edificios más destacados, por su alrededor sólo había una población dispersa y de características rurales, y que los asentamientos densos sólo habían existido en el Yucatán en tiempos tardíos por influencia del altiplano mexicano. Aclaraba también que la discusión no estaba cerrada, al igual que el problema de la agricultura –intensiva o extensiva- y otros tantos puntos que todavía estaban tratándose en 1956. Pero la idea central de Willey se basaba en la información etnográfica recabada durante esos años por Evon Vogt en Chiapas respecto a los sistemas de cargos rotativos; así llegó a postular una variante del *centro ceremonial vacío* de Thompson al plantear que la élite maya era también rotativa, que estaba formada por campesinos que en forma alternada y democrática asumían el papel de sacerdotes y dirigentes para luego regresar a sus aldeas. Era la utopía llevada a sus últimas consecuencias. De los tres tipos de asentamientos que planteó en ese estudio, el tercero coincidiría con la situación del Valle de Belice que él ya había estudiado.

En 1960 Mayer-Oakes resumió las críticas aplicables al modelo diciendo que el tipo tres no era más que una forma de asentamiento más grande y, regionalmente, igual al tipo uno; que los otros dos eran en realidad modelos ideales ya que lo que se conocía arqueológicamente de los mayas mostraba variaciones distintas de ambos modelos o uniendo total o parcialmente a los dos. Para 1962 Willey, contraponiendo a los mayas con la civilización egipcia, decía que Palenque y Tikal habían tenido bajo su control sólo a pequeñas regiones de sus alrededores.

En esos años los investigadores tenían actitudes opuestas, confusas y aquellos que los seguían tenían problemas más graves aún. Podemos recordar un trabajo muy interesante desde la perspectiva teórica como fue el de Eric Wolf y Angel Palerm sobre sistemas de cultivo y desarrollo de la civilización mesoamericana publicado en 1957. Ambos autores, continuando los trabajos anteriores de Palerm, trataron de hallar una relación directa entre urbanismo y tipos de agricultura, notando que en grupos étnicos actuales dichas correlaciones eran bastante claras. De allí que postularon que si los mayas habían tenido una agricultura simple de milpa y roza debieron sostener un modelo de asentamiento tipo *centro ceremonial*, aunque dejaron abierta la duda respecto a la

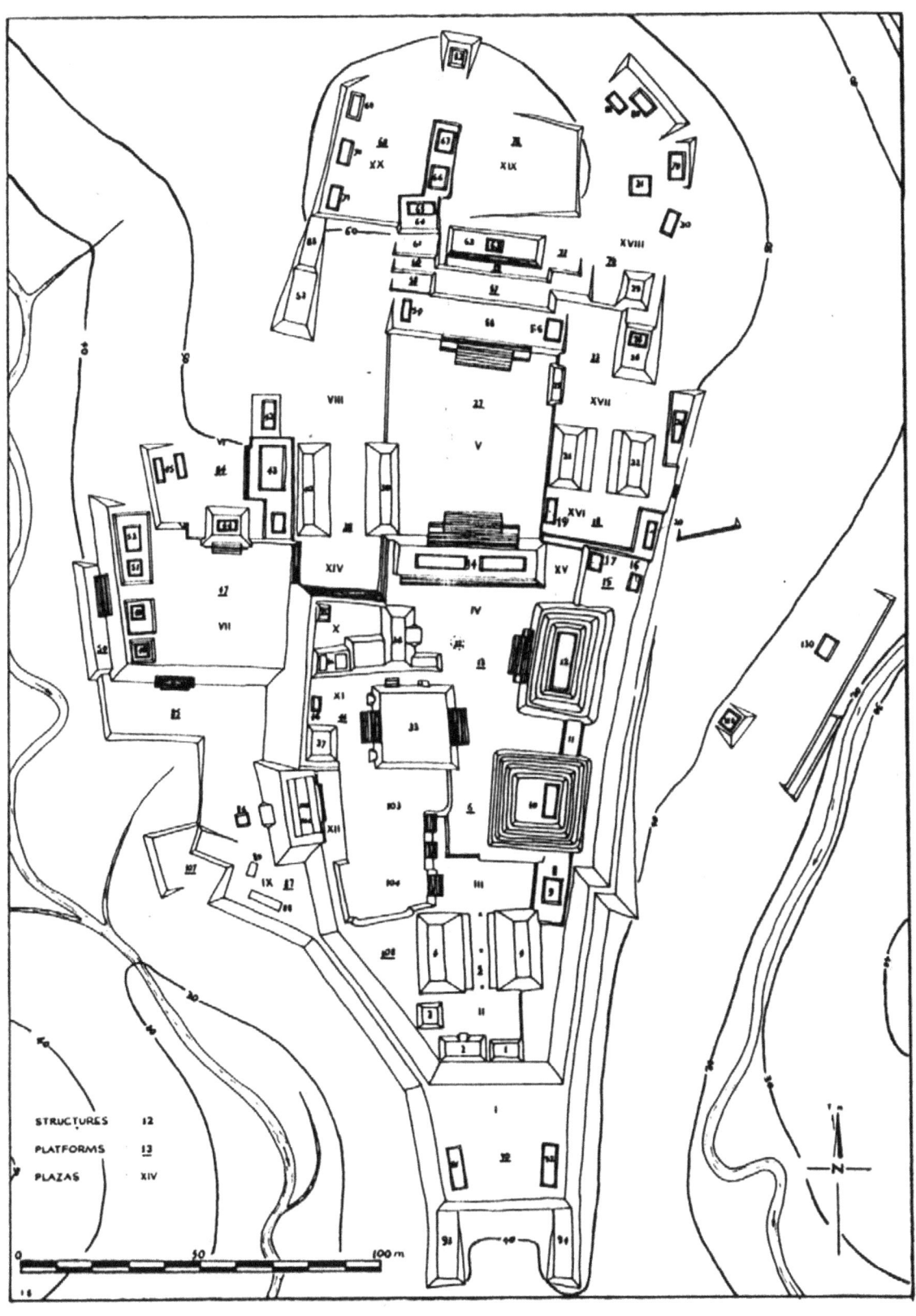

12.c **Lubaantun, Belice**, plano publicado en la década de 1970, típico de tradición de la universidad de Harvard de desconocer el asentamiento sólo preocupados por sostener la vieja concepción de los Centros Ceremoniales (de: Norman Hammond, *Lubaantun, a classic maya realm*, Peabody Museum Monographs no. 2, Peabody Museum, Cambridge, 1975; figura 21)

posibilidad –evidente para ellos- de que los mayas hubiesen tenido otros sistemas agrícolas, con lo cual la deducción no era de por sí tan simple.

En 1960 se publicó un nuevo trabajo, esta vez de un discípulo de Willey en Harvard, William R. Bulllard, una universidad en donde la idea de los centros ceremoniales es aún parcialmente sostenida. En ese trabajo se presentaban los resultados de un reconocimiento practicado en el noreste del Petén, cuyo objetivo era buscar patrones de asentamiento – sobre todo de los grupos habitacionales pequeños tan comunes en la región-, y su correlación con los grupos más grandes. Bullard desarrolló entonces un esquema evolutivo con clara influencia de Robert Redfield y su *continuo rural-urbano* que puede ser sintetizado en 1) viviendas, 2) centros ceremoniales pequeños, y 3) centros ceremoniales grandes. Los tres estaban formados por grupos de diferentes tamaños que constaban de una vivienda o una *unidad de vivienda*, es decir una plataforma o varias ubicadas alrededor de un patio o plaza pequeña; luego un *grupo* formado por 5 a 12 unidades como las anteriores que serían la definición de una aldea, y un tercer nivel denominado *zona*, esto es un área que contenía de 50 a 100 unidades de vivienda asociadas a un centro ceremonial pequeño. La categoría más alta es la de *distrito*, formado por varias zonas organizadas alrededor de un centro ceremonial más grande. Pero el mismo Bullard aceptó que los límites impuestos son necesariamente arbitrarios y que por lo general estas categorías se dan dentro de una misma región. En esa misma época Bullard también estudió Topoxté, de cronología Posclásica, y llegó a la conclusión de que sí era una verdadera ciudad aunque por su época de construcción quizás tuviera influencia yucateca tardía, es decir un caso similar al de Mayapán, cerrando así el círculo. Lo que nos interesa ahora de Bullard es que empezaba a articular varios sitios entre si estableciendo posibles zonas y ya no solamente sitios aislados.

También a partir de 1960 comenzaron a publicarse y difundirse los trabajos de William Sanders quien venía interesándose por el tema de los patrones de asentamiento. Entre sus estudios pioneros hizo un recorrido muy interesante del Yucatán en cuyo transcurso analizó varios sitios menores y otros más grandes, tales como Tulum (1955), donde postuló una densidad habitacional que podía alcanzar la cifra de 7000 a 8000 habitantes. Asimismo le hizo adiciones al viejo plano del sitio que había sido levantado al inicio de la década de 1920 por Samuel Lothrop. Destacó la posibilidad de que hubieran existido cuatro tipos de asentamientos: el primero formado por un núcleo de una o más plazas rodeadas por edificios ceremoniales; próximo a ellos se hallarían otras estructuras religiosas o grupos de ellas y probables montículos habitacionales por los alrededores. El tipo número dos lo formaban los santuarios aislados –muy comunes en Quintana Roo-; el tercero, una docena de plataformas bajas y una pirámide pequeña en lo que podía haber sido una aldea rural, y el último tipo estaría compuesto por restos de viviendas ubicadas en lotes delimitados por bardas de piedra, igual que en las poblaciones actuales, lo que hacía suponer a Sanders (1960) que se trataba de poblados poscoloniales.

Poco más tarde Sanders hizo un estudio en la región de la Chontalpa (1961) tomando una extensión de terreno de 10 por 30 km a un lado del río Grijalva que mostraba variantes ecológicas muy marcadas. En esa zona se encontraron casi sesenta sitios de los cuales seis fueron excavados parcialmente y dos con mayor detenimiento. El estudio permitió desarrollar una nueva tipología de los sentamientos organizada en cincos tipos particulares:
    1. Compuesto por una o dos pirámides aisladas

2. Grupos de 3 a 12 viviendas
3. Idem, más una o dos pirámides y una plataforma elevada
4. Centros de gran tamaño, con edificios cívico-religiosos y más de 200 pobladores
5. Grandes centros con unos 21 edificios cívico-religiosos y una población residente de entre 400 y 500 personas

Es de destacar que las densidades se deducían de la cantidad de cerámica recogida superficialmente para cada época y de la extensión del sitio en las mismas etapas. Esta técnica, que se había comenzado a poner en práctica en el centro de México – específicamente en Teotihuacan-, le dio excelentes resultados. En un solo sitio se practicaron 157 pozos estratigráficos para confirmar la contemporaneidad de los diferentes montículos del lugar.

Hacia fines de 1964 se editó un libro que sintetizó nuevamente las ideas más arraigadas en la época: fue la compilación editada por Evon Vogt y Alberto Ruz titulada *Desarrollo cultural de los mayas* (1971), que al estar editada en México y escrita parte en español, tuvo una buena recepción. En ese trabajo Vogt planteó una serie de hipótesis respecto a las características socio-culturales mayas a partir de un "modelo genético" de evolución. Se postulaba que el tipo de asentamiento básico era el de aldeas pequeñas dispersas en los alrededores de los centros ceremoniales, lo que conformaba el patrón normal. Pese a ello el autor notaba que la información de ciertas regiones, como el lago Atitlán, Tikal o la zona norte del Yucatán, mostraban evidencias de lo que consideró excepciones a la regla. Aceptaba el esquema de Bullard del que ya hablamos y aunque dejaba abierta la posibilidad de que las excepciones fueran aún más comunes de lo pensado, la norma estaba claramente definida.

En ese mismo año se publicó el libro *Ciudades Precolombinas* de Jorge E. Hardoy, primer trabajo sobre ciudades hecho por un urbanista proveniente de un país de América Latina - Argentina en este caso- resultado de su tesis de maestría en Harvard dirigida precisamente por Willey; resulta hoy interesante observar que varias de sus ideas aún no han sido superadas. En su momento representó lo más avanzado y actualizado sobre el tema y la ventaja de haber sido escrito y publicado en español (Hardoy 1964) lo hace todavía hoy un libro irremplazable. Otras obras posteriores del mismo Hardoy continuaron con el tema (1968 y 1973) tratando de unir arqueología con historia urbana. El trabajo tenía la virtud de que trataba de establecer por primera vez una definición del término *ciudad* a partir de un esquema de diez puntos de gran flexibilidad en función de la época y el lugar donde se aplicaba. Esto reabrió en América Latina polémicas entre los historiadores del urbanismo lo que fue de beneficio a corto plazo; de allí que pocos años más tarde ese libro fuera reeditado en inglés en una versión ampliada. Entre otras cualidades, el libro introducía en el mundo de habla hispánica la bibliografía actualizada sobre Teotihuacan y Dzibilchaltún, que hasta el momento sólo circulaban en artículos en inglés muy especializados. Fue el inicio del establecimiento de parámetros cuantitativos y cualitativos para acercarse a una escala urbana, o estar fuera de ella, incluyendo también aspectos sociales, políticos, económicos y de hegemonía regional. Ya se hablaba de territorio y no sólo de ciudades.

Hacia 1965 los estudios arqueológicos en Mesoamérica ya estaban separados en dos corrientes: la tradicional mexicana, interesada más que nada en la preservación y en la reconstrucción de los grandes edificios para el turismo y la escuela que buscaba más

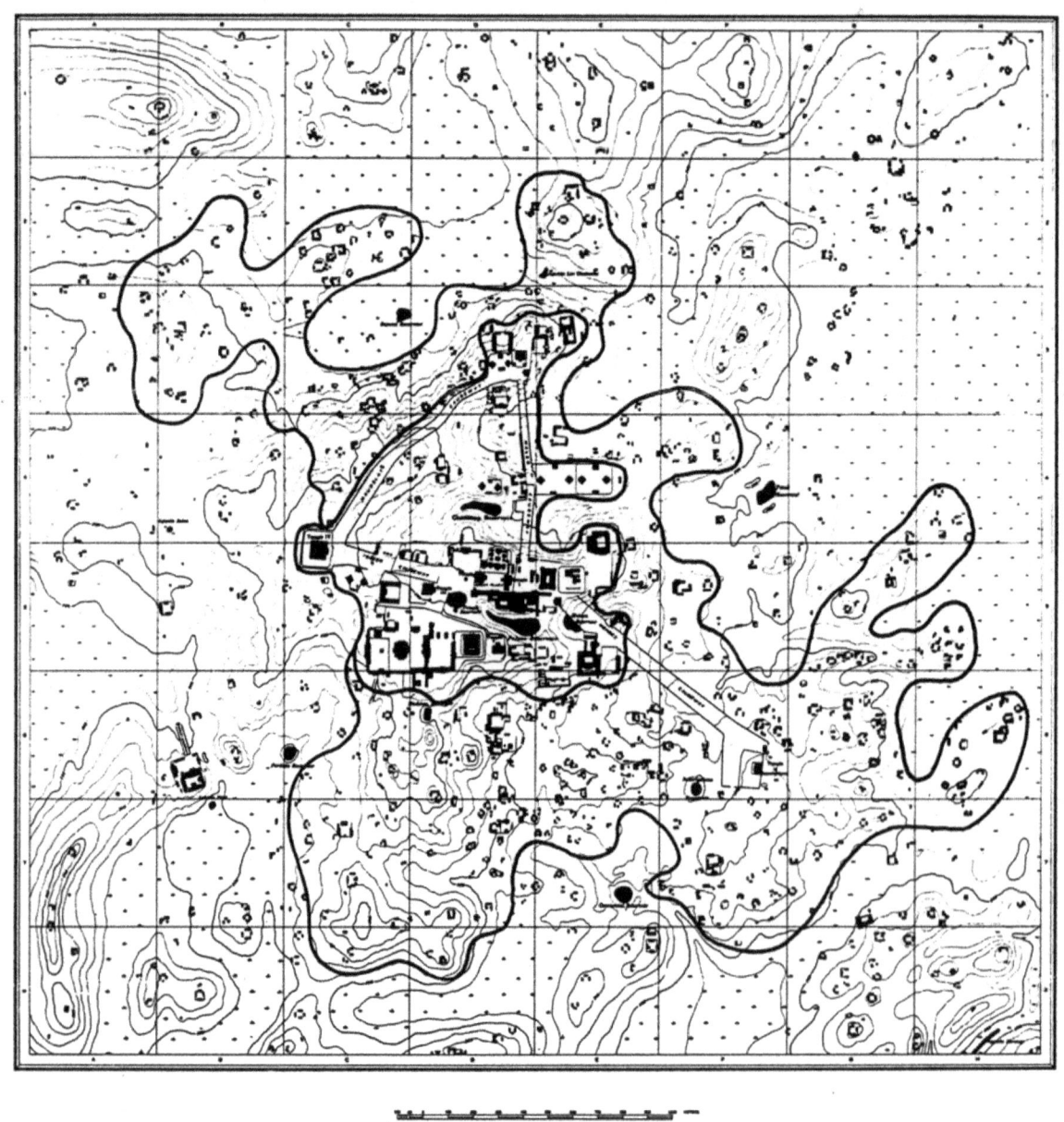

13. **Tikal, Guatemala**, el plano que mayor impacto causó en la arqueología mayista al mostrar la compleja densidad de un sitio del período Clásico, cuyos conjuntos piramidales sólo forman el centro, tal como mostraban los antiguos planos de Maler o Merwin (de: R. F. Carr y J. E. Hazard, *Map of the ruins of Tikal, El Peten, Guatemala*, Tikal Reports N° 11, University of Pennsylvania, Philadelphia, 1961)

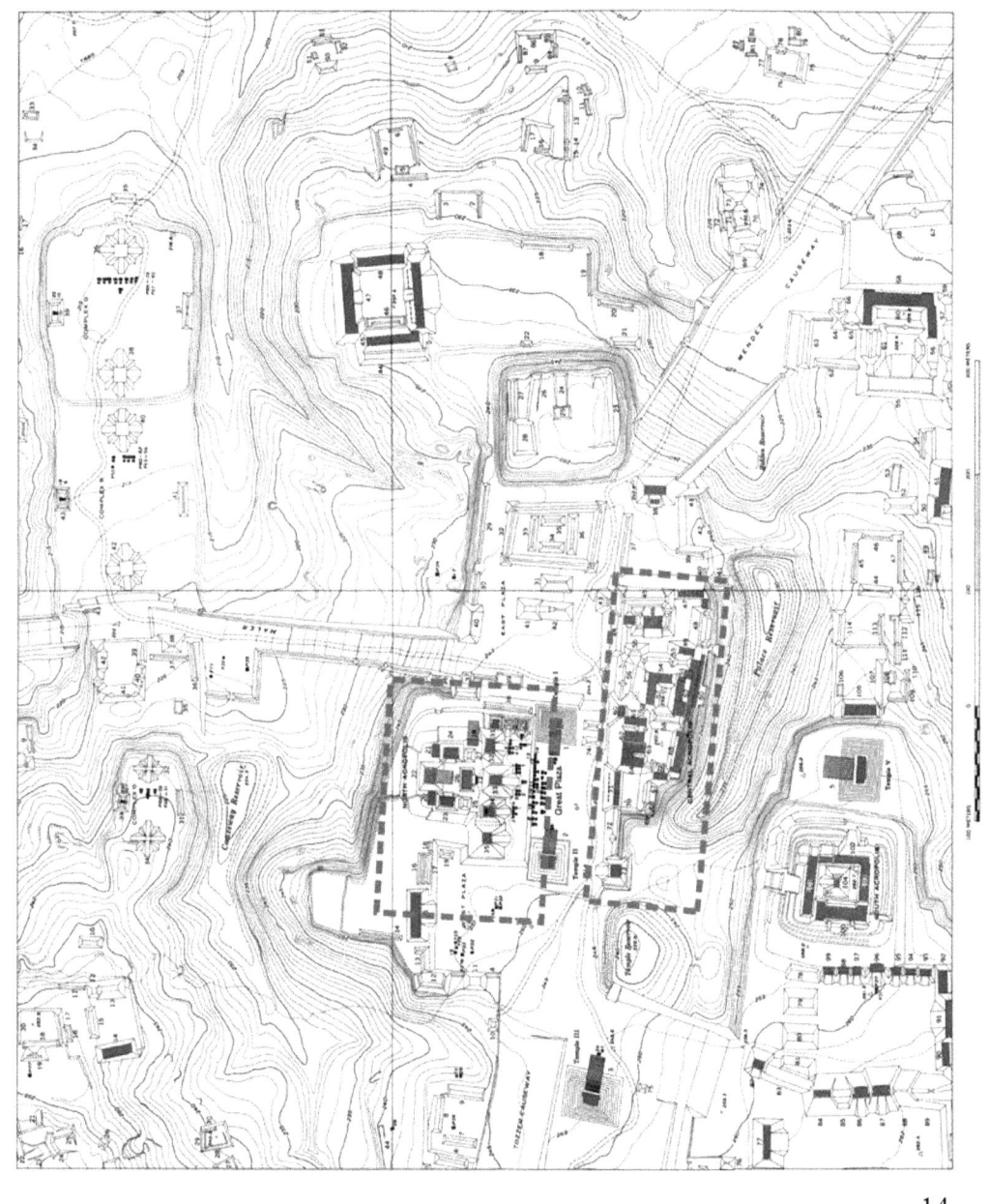

14

14. **Tikal, Guatemala** (área central), detalle del plano anterior mostrando el área central, casi coincidente con los planos 7 y 8, incluyendo las grandes calzadas y todas las construcciones visibles del área en su topografía; los sectores recuadrados indican las Acrópolis Norte y Central (Ver planos 15a y 15b) (de: R. F. Carr y J. E. Hazard, *Map of the ruins of Tikal, El Peten, Guatemala*, Tikal Reports Nº 11, University of Pennsylvania, Philadelphia, 1961; plano 5)

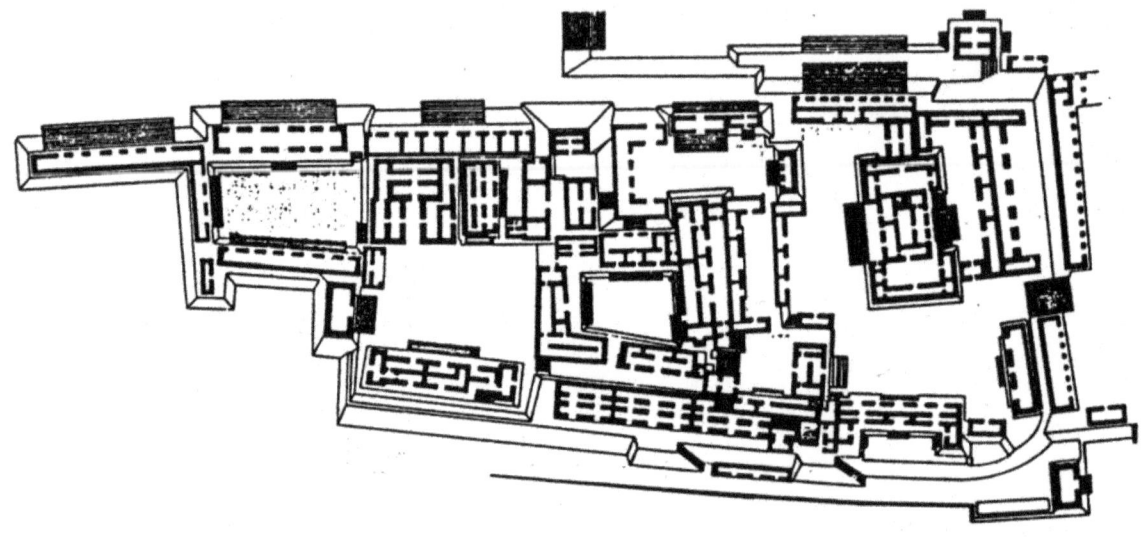

15 a

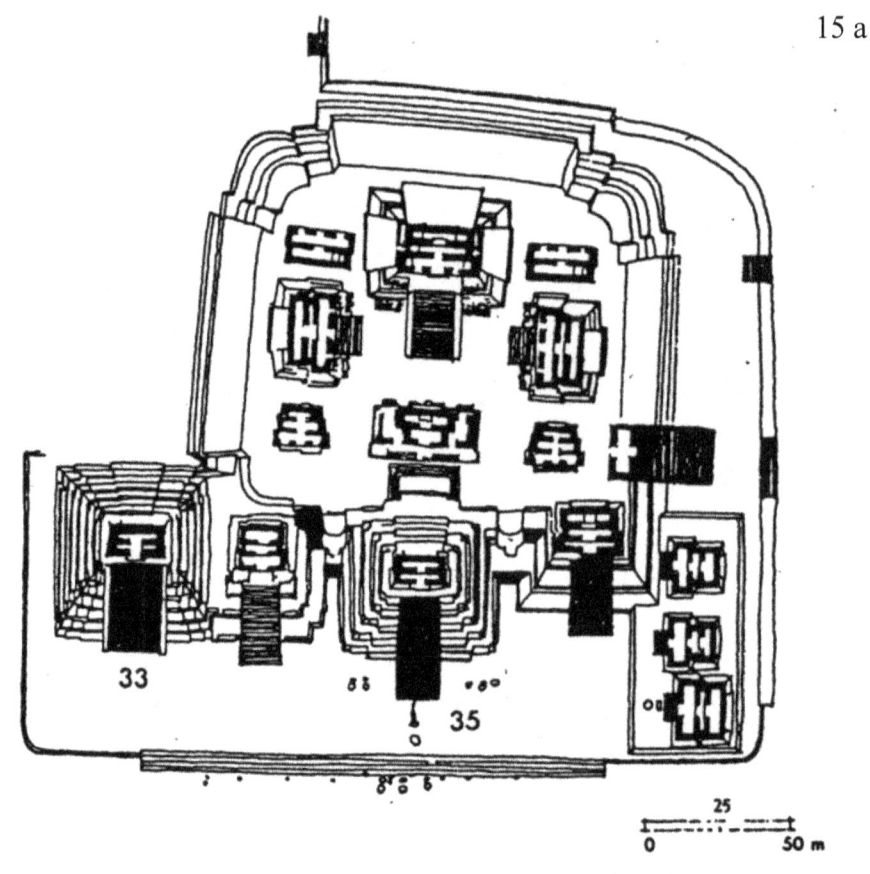

15 b

15.a **Tikal, Guatemala**, la Acrópolis Central, un conjunto palaciego maya de primera jerarquía frente a la plaza central del sitio, mostrando la variedad de construcciones que lo integran (de: George F. Andrews, *Maya Cities: Placemaking and Urbanization*, University of Oklahoma Press, Norman, 1975; figura 13)

15.b **Tikal, Guatemala**, la Acrópolis Norte en la zona central; ejemplo de una unidad de edificios templarios frente a la plaza central (de: William R. Coe, *Tikal, guía de las antiguas ruinas mayas*, The University Museum, University of Pennsylvania, Philadelphia, 1975; pag. 42) ávidamente patrones de asentamiento, usos del suelo, densidades de población y otros datos que, pese a ser menos llamativos permitían mostrar mejor la realidad de la historia prehispánica. Era la diferencia entre la Escuela Mexicana de Arqueología heredada de Alfonso Caso y la New Archaeology que empezaba ponerse de moda. Buena muestra de esto fue la Mesa Redonda de la Sociedad Mexicana de Antropología que se reunió en 1966 y donde ambas corrientes se enfrentaron. El grupo dirigido por Rene Millon (1973) había logrado reconstruir la historia de la población de Teotihuacan a lo largo de casi diez siglos, mientras que el INAH, tras muchos años de excavaciones e inversiones millonarias, sólo había logrado restaurar la Pirámide de la Luna, la plaza que la enfrenta y parte de la Calle de los Muertos, pero sin haber obtenido datos significativos para la arqueología, o al menos para lo que la arqueología de ese momento exigía. El mundo había cambiado, el modelo teórico y los objetivos del trabajo de campo se mantenían incólumes.

VII

Hacia el reconocimiento de los asentamientos y el territorio maya
(1970-1990)

Entre los estudios de patrones de asentamiento que se destacaron en los años de la década de 1960 debemos citar primero los de Dzibilchaltún, que si bien fue un sitio que se comenzó a excavar un decenio antes, la información obtenida y los planos detallados no se publicaron completos hasta más tarde, incluso en parte recién en 1981. Desde 1960 ya se estaban publicando informes que causaban verdaderos revuelos entre los especialistas: Edward Willys Andrews IV (1965) postuló en base a los montículos habitacionales descubiertos una larga continuidad de tres mil años de ocupación en el lugar de por lo menos 15.000 estructuras que estuvieron en uso entre el 300 dC y el 900 dC, permitiendo calcular –exageradamente incluso hasta hoy- hasta unas 250.000 personas viviendo en Dzibilchaltún en el apogeo del período Clásico. Esto era revolucionario e impensado y por cierto lo llevó a cuestionar seriamente que el modelo establecido de centros ceremoniales y aldeas dispersas fuera válido, tanto para los tiempos posclásicos como para el Clásico puramente maya. Por cierto, con los años las cifras se fueron reduciendo y el susto inicial se fue mediatizando, pero lo que sí era cierto es que se ponía seriamente en duda la hipótesis de Evon Vogt respecto a que los datos de Tikal, que sugerían también una población densa en el Clásico, se debieran a una influencia del altiplano, aunque más temprana a la del tipo de la que había sido postulada para Mayapán. Se entendían los datos como desviaciones, como sesgadas de un parámetro "normal" arbitrariamente establecido y no como posibles errores de una concepción ya no sustentable; el modelo teórico seguía siendo más fuerte que la observación de la realidad.

Con los años ese estudio se transformó en un clásico del mundo maya porque permitió hacer análisis de los tipos arquitectónicos en muestreos lo suficientemente amplios y realizar cálculos de población para cada época y zona de un gran sitio arqueológico. La conclusión lógica fue:

> "nosotros debemos abandonar el concepto, ahora aún en boga, que los centros mayas del período clásico eran *centros ceremoniales* relativamente vacíos a los que se acudía para festividades religiosas, posiblemente combinadas con actividades de mercado".

Sin embargo también hubo estudios que lentamente llevaban agua al molino de la hipótesis opuesta: por ejemplo un nuevo trabajo que dirigió Gordon Willey en Altar de Sacrificios (Willey y Smith 1969) hecho durante la mitad de esa década, permitió conocer un sitio grande con construcciones cívico-religiosas importantes, pero nada más que con cuarenta basamentos que se consideraron habitacionales. Poco más tarde surgieron las críticas contra ese estudio, como las de Marshall Becker (1971), basadas en las mismas ideas que años antes se habían hecho con respecto a Mayapán: que los planteos teóricos apriorísticos de los investigadores llevaron a la realización de un estudio en el cual se buscó la confirmación de una hipótesis previa utilizándose técnicas de relevamiento establecidas en función de lo que querían demostrar.

El golpe más duro que la arqueología tradicional mayista recibió en esa década fue la excavación de Tikal. Ese sitio había permanecido casi intacto pese a que durante veinte años la Carnegie había excavado Uaxactún, unos 25 km. al norte de allí. Si bien Morley había quedado seducido por la magnitud del sitio optó por Uaxactún por la alta presencia de estelas esculpidas. ¡Qué diferente hubiera sido todo si Morley hubiera hecho su trabajo en Tikal en ese entonces! Pero lo importante es que entre 1959 y 1965 la Universidad de Pennsylvania dirigió trabajos reuniendo a varios arqueólogos que ya tenían una visión amplia del problema de los asentamientos, entre ellos a Edwin Shook –quien venía haciendo el mapeo completo de Guatemala desde hacía veinte años- y a William Haviland (1965, 1966, 1970 y 1972), quien dedicó buena parte de su vida profesional a los problemas urbanos.

Tikal fue mostrando año tras año y en las muchas publicaciones que hizo (por ejemplo, Coe 1965) la importancia que el sitio tenía, así como la de su arquitectura monumental, tanto de pirámides-templos como de complejos-palacios, además de unas 3000 construcciones, en su mayoría unidades habitacionales formadas por pequeños montículos bajos. Los primeros cálculos de población dieron cifras que oscilaron entre los 10.000 y 75.000 habitantes, para luego ir aumentando a medida que se descubrían más y más basamentos. En los siguientes años un nuevo mapeo incrementó sensiblemente la cantidad de construcciones existentes, por lo que era factible calcular la existencia de hasta 80.000 pobladores para el Clásico Tardío de Tikal (Haviland 1970 y 1975), incluyendo su área periférica. Lo que aun no se entendía era que el sistema para hacer cálculos no resultaba ser tan sencillo, es decir multiplicar el número de basamentos por el de 5.6 ocupantes promedio por casa. Era necesario descontar porcentajes por no contemporaneidad, por no uso como residencia y otros factores que sólo mucho más adelante quedaron definidos.

Con el correr del tiempo estas ideas se fueron sedimentando. Más y más evidencias fueron surgiendo, mostrando que los mayas tuvieron patrones de asentamientos diversos según las épocas y regiones. Que en sus ruinas podían encontrarse pruebas –juntas o dispersas- de sitios que tuvieron una población básicamente residencial, o gran cantidad de talleres de trabajo, o pequeños centros de carácter residencial de élite – con su consecuente equipamiento *ceremonial-*, y muchas variantes más. Que poseían una estructura urbano-regional sofisticada, resultado de muchos siglos de evolución y cambio, donde los hombres fueron organizándose de maneras distintas para satisfacer sus variadas necesidades físicas, sociales y culturales.

Los cambios no se dieron únicamente en los dos aspectos, arquitectónico y urbano, si no que se comenzó a explorar el entorno, lo que permitió los primeros estudios sistemáticos de la agricultura maya (Harrison y Turner 1978), descubriéndose redes de canales, camellones de cultivo en los pantanos, terrazas en las laderas, pesca, caza y piscicultura desarrolladas junto con otras variantes que permitían sostener una población densa. En cuanto a la organización social y política hubieron grandes cambios en particular con los trabajos que abrieron la discusión sobre los modos de producción, el sistema tributario, las diferencias de clases y otras cuestiones que nos explican –aunque parcialmente- el uso del suelo y la compleja apropiación desigual del espacio urbano.

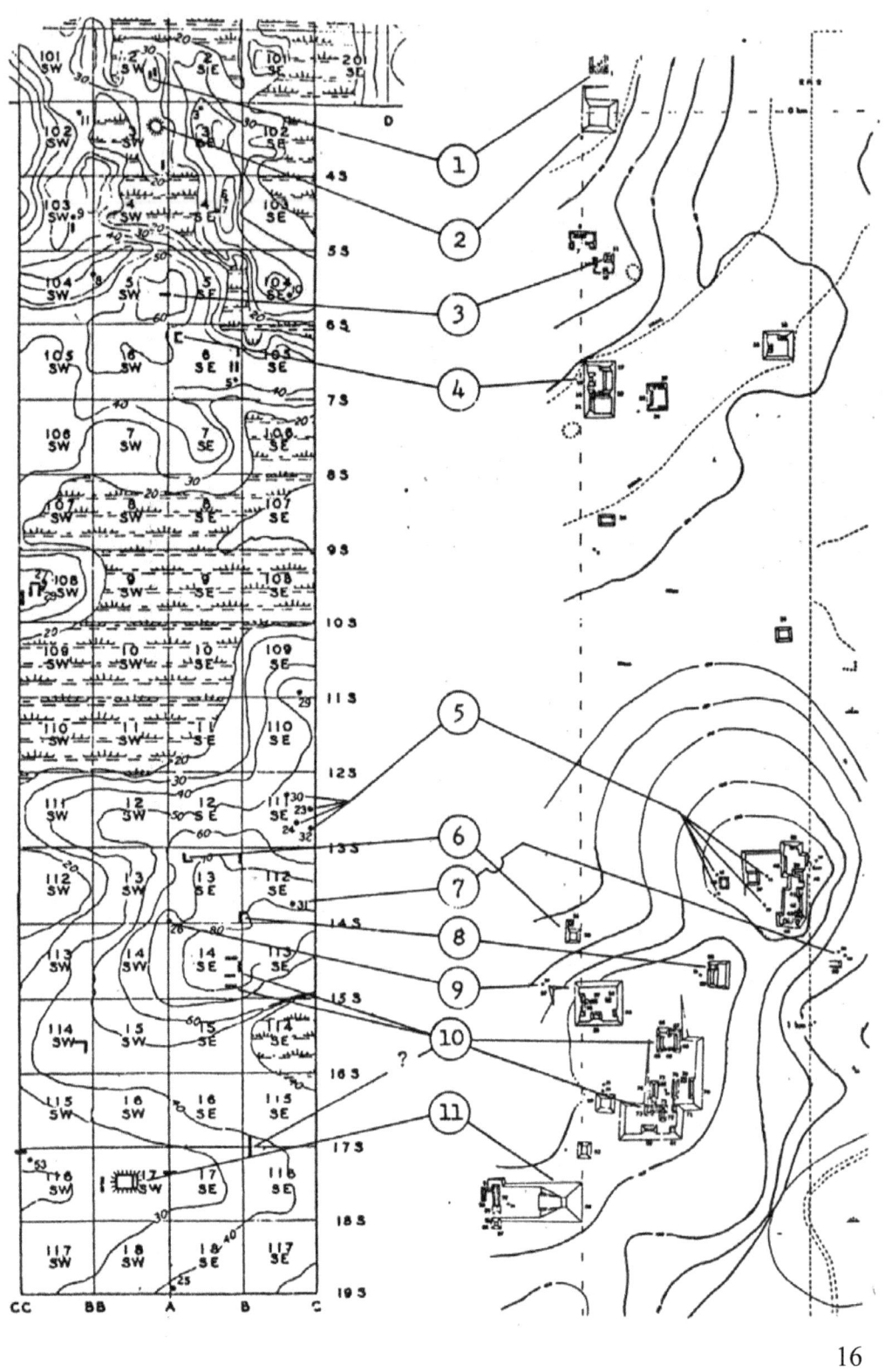

16. **Uaxactún, Guatemala**, comparación de dos mapeos históricos del mismo lugar ubicado en la periferia de Uaxactún, uno de la década de 1930 y el otro hecho cuarenta años más tarde, con resultados diferentes al mostrar una mayor densidad de restos y la distribución física de esos conjuntos (de: Dennis Puleston, Intersite areas in the vicinity of Tikal and Uaxactun, *Mesoamerican Archaeology, New Approaches*, University of Texas Press, Austin, 1974; fig. 2)

Estos temas de neta influencia del Marxismo en México cubrieron incluso la década de 1980, impulsando así la problemática económica y social por sobre los temas estéticos.

Siguiendo con esto, los estudios realizados en Edzná (Matheny y Gurr 1978) permitieron conocer con cierto detalle un sitio de grandes dimensiones y su territorio circundante, en donde la mayor parte de las obras de canalización, la fortaleza y la plataforma misma de la Acrópolis son muy antiguas, más de lo que se hubiera sospechado, ubicándose dentro del período Formativo. Lo mismo sucedió con Mirador (Matheny 1980), Cuello (Hammond 1972, 1973 y 1975), Nohmul y otros sitios de Belice. Esto ya ha permitido establecer que la región original de la cultura maya pudo haber estado en ese país y que ésta –la antigüedad– es considerablemente más profunda de lo que se había pensado. Hasta se ha podido plantear que hubo un desarrollo importante en los siglos anteriores a nuestra era y que un primer colapso aun no bien identificado cortó y modificó el proceso histórico maya para que surgieran, tras un intermedio relativamente corto, los primeros indicios de la que conocemos como cultura Clásica. A partir de esta hipótesis se pudo reconsiderar información arqueológica dispersa que hablaba de la existencia de construcciones de tamaño muy importante de la época Formativa tardía y que, como Tikal, tendrían ahora una explicación. Sitios como Mirador y Cerros permitieron en la década de 1980 reconfirmar muchas de esas ideas.

Un intento frustrado, pero que pudo ser importante, fue el de la publicación de tres tomos del *Atlas arqueológico de México*. Ese viejo proyecto del INAH que se remontaba a Manuel Gamio, nunca pudo ser completado, reduciéndose lo editado a los estados de Yucatán, Chiapas y Quintana Roo (Muller 1959 y 1960, Piña Chan 1967). En realidad incluyeron una lista de sitios con información mínima y un mapa de ubicación poco definido. Con los años el programa fue reestablecido y ya se han editado los atlas de algunos estados (como Yucatán) y en otras regiones de México.

Un proyecto que de haberse publicado antes hubiera causado un impacto mayor del que llegó a provocar, fue el de Kaminaljuyú. Fue organizado como una nueva etapa del ya anticuado trabajo hecho por la Carnegie medio siglo antes y se trabajó allí a fines de la década de 1960 y principios de la siguiente; fue difundido mucho más tarde a través de los libros de William Sanders y John Michels (1969 y 1977) y R. Wetherington (1978). El estudio de ese sitio, ya destruido en su mayor parte, permitió conocer no sólo el patrón de asentamiento desde el Formativo temprano, sino también la manera en que los diversos grupos de parentesco que lo habitaron fueron ocupando áreas específicas del sitio, a las cuales les correspondía también cerámicas y objetos peculiares a cada uno de ellos. Es uno de los pocos casos en la zona maya en el que ahora podemos reconstruir con bastante detalle la evolución de la sociedad que lo habitó y las formas de utilizar el suelo urbano, suburbano y rural.

Para fines de la década de 1970 y comienzos de la siguiente ya habían muchos sitios estudiados en cuanto al patrón de asentamiento, cálculos de densidad y de población, incluso algunos primeros intentos de analizar territorios y regiones. En Belice, Aventura (Sydris 1983) mostraba una proyección de 3500 a 5200 habitantes en una extensión probable de 4 a 6 km2, mientras que Sarteneja mostraba 940 personas por km2, con un total probable de casi 2000 habitantes viviendo en el sitio durante el Clásico tardío. Ramonal mostró en el sector mapeado (Lewenstein 1982) –de ½ km2- unas 72 estructuras y 14 plataformas. Otro lugar importante fue Colhá, con sus 31 talleres para trabajar la piedra, donde en sus 4 km2 de extensión se encuentran decenas de montículos alrededor de la plaza y una gran acrópolis; el total de construcciones es de casi 400, habitadas todas entre el 250 aC y el 250 dC (Hester 1981).

Otras regiones, como la del Petén central, mostraron cambios sorprendentes en la densidad poblacional del período Posclásico: el sitio clave de este período fue Tayasal, que había sido identificado como la última población maya (Guthe 1930), ya que en realidad corresponde en casi su totalidad al período Clásico; por lo tanto el plano que conocíamos quedó como sólo una pequeña parte de un asentamiento muchísimo mayor (Chase 1985), con una alta densidad de pobladores. Al contrario, las islas de Topoxté mostraron ser todas del período tardío, pero lo que en los planos del siglo pasado hechos por Teobert Maler no eran más que unos pocos edificios pasaron a ser mas de un centenar. El mapeo de Jay Jonson (1985) sirvió para identificar en la isla Canté la existencia de142 estructuras y en la isla Paxté otras 68 (Rice y Rice 1985). En la primera se calculó que 103 de ellas eran residenciales mientras que en la segunda lo eran 53, dando el cálculo de habitantes, respectivamente, 577 y 326 personas; esto significa que en la primera de ellas la densidad podría haber sido de unas 2.200 personas por km2, lo que es extremadamente alta. En la misma época en que estaban ocupados esos sitios, Lamanai (Lotten 1985, Pendergast s/f) tenía 718 estructuras en 6 km2, lo que coincide una vez más con las cifras que hay para otros sitios, aunque no es factible comparar estas densidades, ya que las islas son asentamientos peculiares. De todas formas, incluso en los sitios de menor población, la densidad era mucho más alta de lo que nunca se había pensado.

Pero volviendo al ya citado sitio de Kaminaljuyú, hoy tenemos una visión de su evolución en el uso del espacio que nos muestra el proceso completo que sufrió desde sus inicios, hacia el 1500 aC: entre esa fecha y el siglo VI aC tuvo la región completa, de 500 km2, unos 25 a 35 sitios, con aldeas de unos cien habitantes cada una, habiéndose concentrado en el sitio mayor unos 600 a 1200 habitantes. Este número creció hasta llegar a 2000 para finales del siglo III aC, pasando a ser un centro de importancia regional por su envergadura. Tras los grandes cambios sucedidos entre esa fecha y el 200 dC ya hubo posiblemente 26.000 pobladores en la región, siendo hasta el 12 % de ellos del sitio mismo. El crecimiento continuó hasta llegar a la cifra de 5.000 habitantes para el período que va hasta el 400 dC, con unas 38.000 personas para toda la región, arribándose a la máxima concentración entre el 600 y el 1000 dC. Había en ese momento en la región unos 120.000 pobladores, cifra que comenzó a declinar en forma rápida en los siglos siguientes. Sirva esto como ejemplo de cómo a finales de la década de 1980 había regiones enteras que al ser estudiadas intensivamente aportaron información importante y original sobre sus asentamientos, su región y su territorio. La región de El Quiché, en las tierras altas de Guatemala (Brown 1980 y Fox 1982) mostró una historia continua desde el 9000 aC y en sus 72 km2 de mapeo existen 624 sitios – probablemente 700-, lo cual es representativo de la población que llegó a existir.

Con los estudios de las Tierras Altas de Guatemala antes citados, que si bien tenían antecedentes que se remontaban a los tempranos años de la Carnegie se vieron sistematizados e intensificados, comenzó a producirse una clara escición entre lo considerado "maya" y lo "mayoide" o simplemente "no maya". Se trataba de culturas que si bien compartían rasgos arqueológicos claramente mayas a una primera lectura, era evidente que pertenecían a otros pueblos enmarcados en la diversidad lingüística y étnica existente en Mesoamérica. Esto llevó a mejorar las definiciones de lo "maya" y de sus vecinos, lo que a medida que crecía la distancia de las Tierras Bajas se hacía más

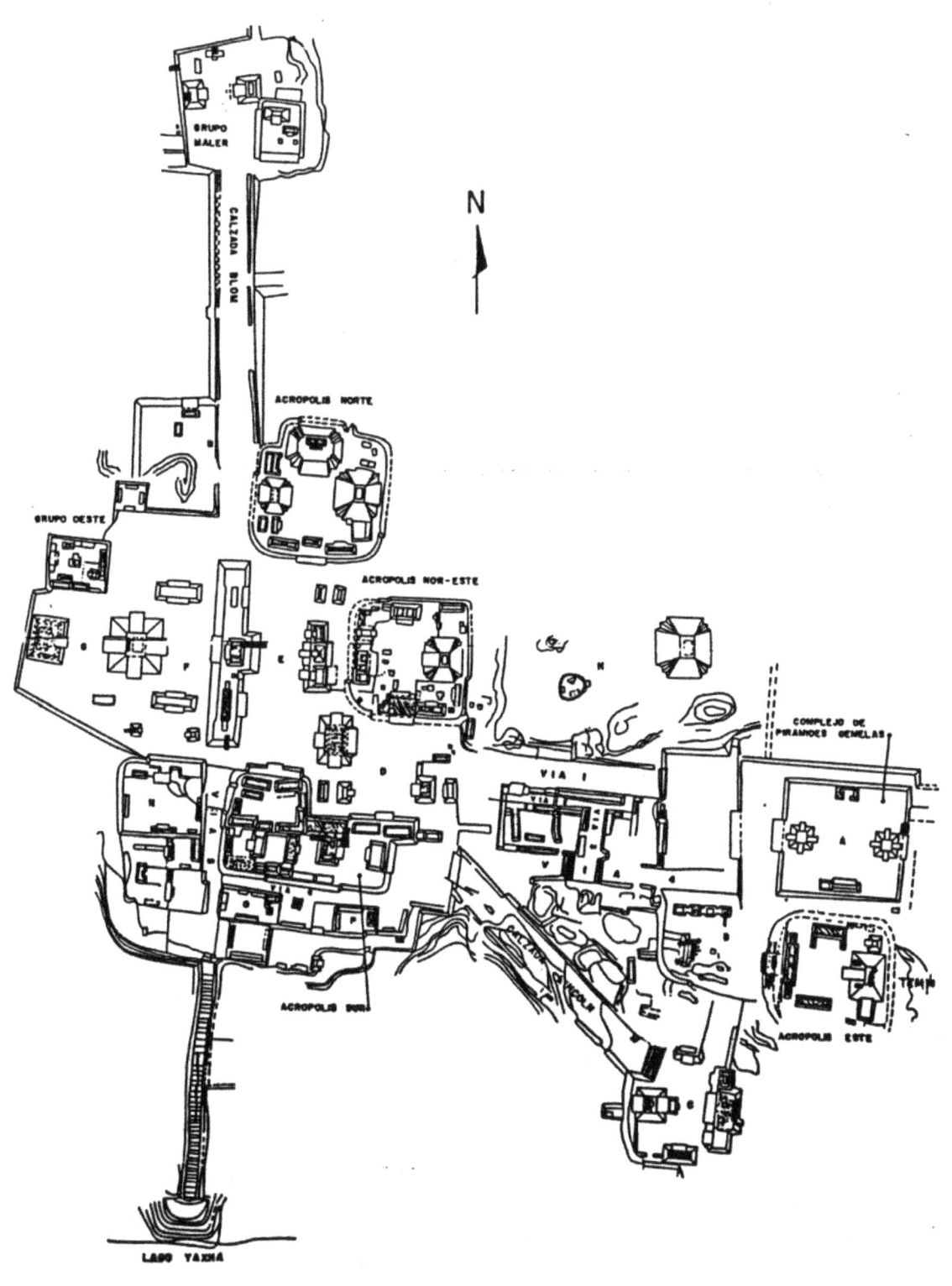

17. **Yaxhá, Guatemala**, plano del área central de la ciudad que, pese a la fecha en que fue realizado aun no se interesaba en mostrar las unidades de vivienda dispersas en su entorno, para indicar sólo las construcciones principales y sostener el concepto de "centro ceremonial" (de: Nicholas Hellmuth, *Calles y complejos de edificios cuadrangulares asociados a un sitio maya: Yaxha, El Peten; reporte de la 4ta. temporada*, FLAAR, copia mecanoescrita, Guatemala, 1974)

complejo; en El Salvador y después de Copán en Honduras y de allí hacia el sur todo se tornaba confuso, como en toda región limítrofe. En ese sentido surgieron proyectos que luego analizamos que arojaron un poco más de luz sobre estos temas, que habían quedado de lado por mucho tiempo.

Otro de los casos de grandes concentraciones poblacionales tempranas y del que ya hay buena información es Edzná, que además cuenta con una muy buena cartografía. La vida en el sitio se inició hacia el 600 aC y hacia el siglo III dC había una densidad llamativa de población y una notable capacidad colectiva para realizar obras públicas, en especial de irrigación, control ecológico, construcción de grandes montículos, un lago artificial con una fortaleza dentro y varias cisternas entre otras obras. Se conservan 370 montículos y basamentos habitacionales que se calculan como el 80 % de lo original construido, además de unos cien montículos de arquitectura pública, 84 cisternas, 31 canales y 18 canteras. Se consideró entonces que la población al final del Formativo fue de unos 5000 habitantes (Matheny 1980).

Una cifra similar es la que se ha dado para Komchén en el Yucatán que fue estudiado en 1980 (Andrews V 1984). La primera información disponible mostró el mapeó de un área de 650 por 1.200 metros más tres sectores de casi 2 km. de largo lo que dio la cifra de 320 construcciones diversas. Si proyectamos esto al total del terreno que probablemente estuvo ocupado, estamos en una cifra de 1.000 construcciones; entre ellas hubo quince montículos grandes, 115 plataformas bajas y medianas y posiblemente 176 viviendas. Si pensamos que el sitio estuvo habitado entre el 800 a.C. y el 350 aC y suponiendo que a cada plataforma le corresponden entre 3 y 5 construcciones, tenemos sumándole un estimativo del 60 % para lo no mapeado, 1908 unidades residenciales, que multiplicadas por el coeficiente tradicional de 5.6 habitantes, arroja la cantidad de 10.685 personas. A esta cifra se le puede reducir un 50 % por no contemporaneidad, lo cual lleva a estimar la población en unas 5500 personas.

Ya existen otros ejemplos en la bibliografía, algunos hechos con mayor ajuste: Altum Ha en Belice (Pendergast 1979) mostró un asentamiento cuyos límites se hallaban en un área de 2,5 a 3,5 km de radio del centro. El área mapeada presentó 516 construcciones, es decir 220 por km2, pero sólo una parte del terreno era habitable (de 2.33 km2 lo era sólo 1,4 km2), lo cual eleva la cifra a 367 habitantes para esa superficie, siendo esto relativamente alto. Si calculamos la población debió ser de un mínimo de 2733 personas (para las 488 estructuras residenciales conocidas) con un promedio de 1952 habitantes por km2 de terreno habitable.

En el sur de Campeche se han hecho diversos trabajos que nos siguen dando información sobre el uso del territorio (trabajos iniciados por Ruppert y Denisonn en su publicación de 1945): en primer lugar se logró mapear una franja continua que unió sitios como Becán, Xpuhil y Rio Bec, ahora considerados todos dentro de un patrón de asentamiento continuo. También los trabajos de David Webster en Chicanná (1979 y 1981) y de B. L. Turner (Eaton 1974), permitieron ubicar 1250 estructuras en 1,5 km2 de terreno, dando una densidad residencial de 900 personas para esa misma superficie para el primero de los autores citados, en cambio para Turner la densidad fue menor, de 503 personas, aunque en otras partes de la región bajó a 439. En los sitios periféricos o en los espacios ubicados entre los grandes centros las densidades promedio de la región oscilan entre 90 y 162 pobladores por km2. Este estudio regional dio un panorama interesante sobre la ocupación de una región, mostrando un nivel de población alto incluso para las zonas fuera de las grandes concentraciones.

Muchas ciudades amuralladas pudieron ser identificadas con certeza y mapeadas en esos años (Rubio 1978): Uxmal, con un área intermuralla de 50 ha, Cucá con 30 ha, al igual que Chunchucmil; Aké y Muná tenían una superficie interna de 25 ha, Chacchob y Dzonot Aké también tuvieron sectores internos fortificados. Cabe destacar al hasta ese momento poco conocido sitio de Chunchucmil, ya que posiblemente llegó a tener una población de 12.500 habitantes en sus 2400 viviendas agrupadas en 6 km2 de superficie (Vlcek 1978; Garza y Kurjack 1980).

Entre las publicaciones que permiten tener un panorama general del proceso vivido en la década de 1980 se destaca la editada por Wendy Ashmore (1981) titulada *Lowland Maya Settlement Patterns,* al inicio del período, y es a su vez parte de una excelente serie de libros sobre los mayas publicados por la Universidad de New Mexico. En esa obra se presentaron artículos de los más connotados mayistas, incluidos Gordon Willey y William Sanders, por lo cual figuran posturas distintas que pueden resumirse así: William Haviland hizo el análisis de un grupo residencial de la élite de Tikal, es decir, estableció las funciones y la historia de un grupo periférico al centro. El hallazgo casual de las ruinas domésticas de Cerén en El Salvador permitió definir bien las formas de uso interno de una vivienda, al igual que entender la existencia de sitios que a simple vista son imposibles de observar. Donald Rice y Dennis Puleston hicieron un primer acercamiento al patrón de asentamiento del Petén revisando lo conocido y criticando seriamente el modelo propuesto por Bullard en el decenio anterior; y así los textos de Rice, Willey, Ashmore, Hammond y otros fueron asumiendo posturas distintas. En general hubo coincidencia en tres puntos hasta ese entonces nunca del todo aceptados: la diferencia de rango existente en las construcciones residenciales, la alta densidad habitacional y las variedades tipológicas, funcionales y de usos de la arquitectura, interna o externa a los grandes asentamientos. En cuanto a los términos empleados –es decir la vieja idea de *ciudad* y de *centro ceremonial*-, Ashmore dice que

> "si bien es demasiado pronto para decir que la polémica (...) está resuelta finalmente, hay consenso creciente acerca de que los grandes centros mayas fueron considerablemente más tipo ciudades de los que los oponentes a esta idea habían supuesto".

Con esto también coincide Willey en su artículo de cierre del volumen. Era factible de pensar que de esa manera el tema quedaba cerrado.

Así, el estudio de Lubaantún (Hammond 1975), los recorridos de Peter Harrison en Quintana Roo (1973 y 1979), los de Charles Lincoln en Izamal (1979), los detallados estudios de Cozumel y sus más de treinta sitios (Sabloff y Rathje 1975; Freidel y Sabloff 1984), el estudio minucioso de Cobá (Folan, Kinz y Fletcher 1983), la región de Naco en Honduras (Henderson, Sterns, Wenderly y Urban 1979), de la presa del Cajón en El Salvador (Hirth 1984) y el nuevo y detallado plano de Palenque (Busch 1982) son parte de ese nuevo panorama sobre los antiguos mayas que se imponía poco antes de llegar a la década de 1990.

También ese decenio trajo aparejado cambios tanto en las técnicas de mapeo como en la sistematización de las formas de representación cartográfica. Al verse la importancia del

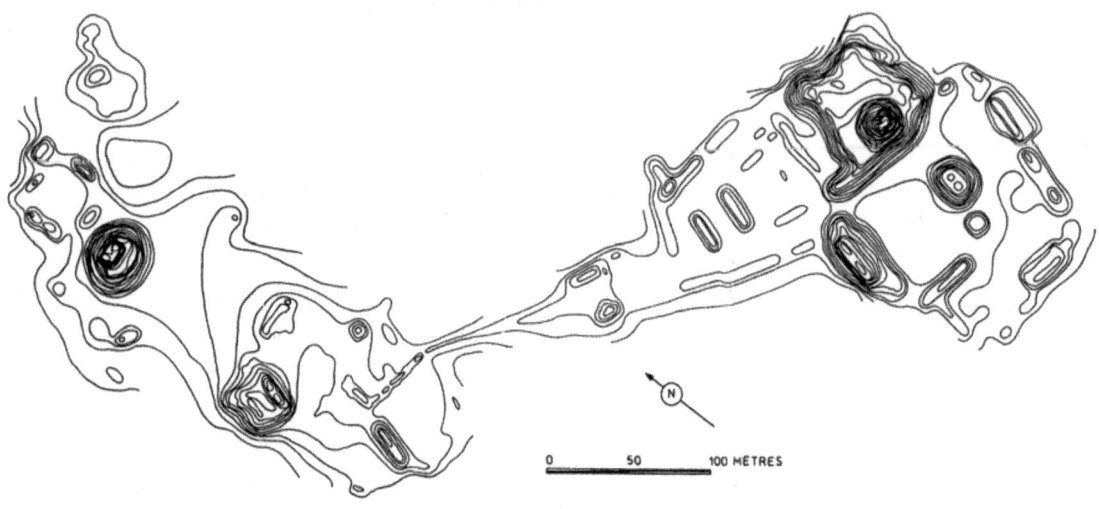

18 a

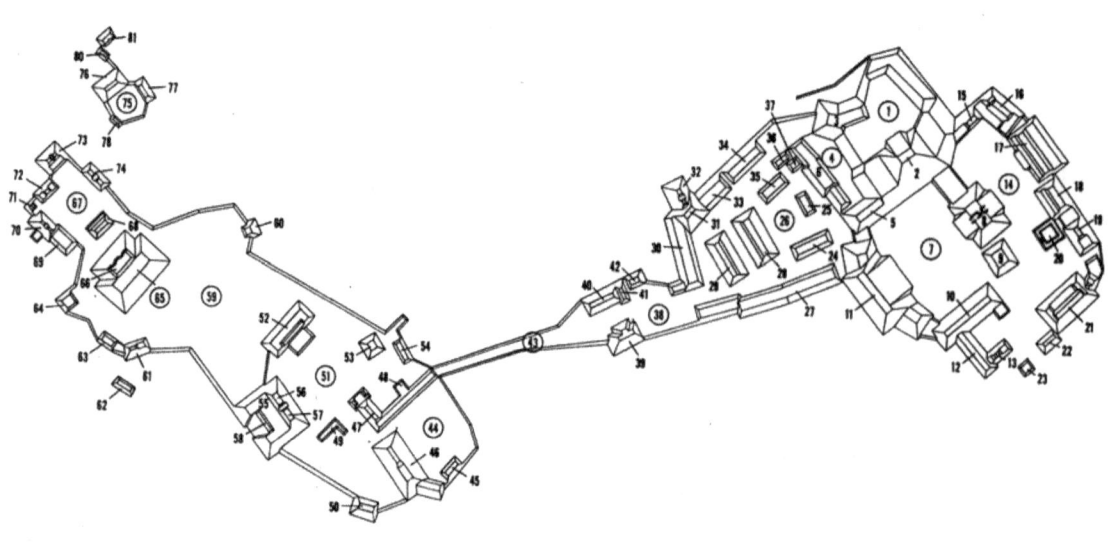

18 b

18.a **Nohmul, Guatemala**, plano topográfico que si bien es muy certero en su información no permite reconstruir la forma de ocupación del sitio ni sus características arquitectónicas; fue muy utilizado en las décadas de 1960 y 1970 (de: Normann Hammond, Settlement patterns in Belize, en: *Lowland maya settlement patterns,* University of New Mexico Press, Albuquerque, 1981; fig. 7.2)

18.b **Nohmul, Guatemala**, plano rectificado del mismo sitio en que al ser reconstruido cada basamento es factible obtener mucha información aunque se aumente la probablidad de error (de: Normann Hammond, Settlement patterns in Belize, en: *Lowland maya settlement pattern,* University of New Mexico Press, Albuquerque, 1981; fig. 7.1) sistema de corte de vegetación en la observación de restos habitacionales, se optó por cortar brechas más anchas y largas, se usó fotografía satelital e infrarroja y se comenzó a dibujar juntos los planos topográficos y reconstructivos. Las experiencias de Norman Hammond en ese sentido fueron magníficas y lograron, junto con las técnicas de relevamiento topográfico rápido elaboradas por los técnicos de la New World Archaeological Foundation, iniciar una nueva forma de mapeo en el campo. Paralelamente en la Escuela Nacional de Antropología e Historia se comenzó a enseñar patrones de asentamientos y algunas nociones de cartografía arqueológica, aunque esporádicamente (Schávelzon 1980, 1981 y 1982) en ese entonces.

Copán no quedó de lado en este proceso de reestudio de tantos sitios ya conocidos: suponiendo correctamente que el área estudiada hasta la fecha se reducía al complejo principal (Stromsvik 1946) y que Morley sólo había incluido algunos otros edificios y monumentos en la periferia (1920), se hizo un relevamiento nuevo. La Acrópolis central (Hohmann y Vogrin 1981) fue minuciosamente estudiada y lo mismo se hizo con el valle completo, encontrándose gran concentración de conjuntos habitacionales a lo largo de una avenida principal (Willey y Leventhal 1979; Leventhal 1981); gracias a esto hoy podemos ver el valle como un área de desarrollo regional más que como una unidad peculiar. Copán, el sitio que la generación de Morley entronizó como un centro de culto y de sacerdotes con sus estelas orientadas sideralmente, resultaba ser una enorme capital regional, con gran densidad de habitantes, con un territorio amplio y también con sitios secundarios de diversos rangos, todo densamente poblado.

Otro aspecto que había tenido importancia en la década de 1970 y que tuvo amplia repercusión, fueron la serie de estudios que trataron de clarificar la estructura interna de las áreas centrales de las ciudades mayas. En realidad desde la época de Ignacio Marquina y su primer libro (1928) en que se había preocupado por el trazado y distribución de las pirámides, poco se había hecho. A partir de los estudios pioneros de Horst Hartung (1971) hubo una serie de publicaciones que permitieron entender algunos aspectos del peculiar trazado maya: orientaciones, ángulos entre edificios, ubicación de juegos de pelota y templos, e incluso al correlacionar esto con las inscripciones que se estaban traduciendo, se lograron entender las secuencias constructivas (Aveni 1975 y 1977). La ubicación de un templo o una pirámide no era casual, respondía a nociones complejas pero con su propia lógica en la estructura de linajes dinásticos, su ceremonial y estructura de funcionamiento.

En la región de las tierras altas de Guatemala los avances no fueron menores que en otras regiones, aunque a partir de 1984 prácticamente los estudios han sido suspendidos por la guerra y llevó un decenio poder retomarlos. En forma simultánea aplicaron allí sus esfuerzos la Misión Científica Francesa y un grupo dirigido por Robert Carmak. Este último, desde 1965, logró para los inicios de esa década una reconstrucción general del proceso histórico y prehistórico tardío de los Quichés, en estudios realmente destacables. La evolución de los asentamientos en cada etapa, la relación con otros grupos culturales lejanos y cercanos, e incluso la estructura interna de alguns ciudades, fue discutido con toda meticulosidad (Carmak 1973 y 1981; Carmak, Fox y Steward 1975; Carmak y Weeks 1981). La forma en que fue trabajada la arqueología y la etnohistoria fue ejemplar y pocos lugares del continente tuvieron en ese momento estudios de tal categoría.

Regresando a los estudios intra-sitios hay dos regiones que han sido estudiadas a través de largas brechas en la selva, sin que se hallaran grandes concentraciones en su recorrido: el terreno entre Tikal y Yaxhá por una parte y los alrededores de los lagos Yaxhá-Sascnab por la otra (Rice y Rice 1979 y 1980). En el primero hubo 125 estructuras por cada km2 de terreno para el total del tiempo de existencia y del Formativo hubo 29, lo que da una densidad alta e inesperada. Lo mismo sucedió con las 586 estructuras halladas entre Tikal y Yaxhá, de las cuales se excavaron 148, teniendo así un muestreo cronológico seguro. El 33 % de ellas son del período Formativo, el número total de pobladores dio en orden de 203 a 486 por km2; según las épocas y la densidad de las construcciones hubo de un mínimo de 15 personas por km2 en las zonas poco habitadas y un máximo de 48.7 en las más pobladas. Estos datos entroncan así con El Mirador, quizás el sitio maya más espectacular de nuevo descubrimiento (Matheny 1980; Demarest 1984), ciudad que con sus cuatro grandes acrópolis, siete de tamaño medio y dos grandes sacbés, pertenecen en su casi totalidad monumental y residencial al período Formativo.

Al rehacer Dennis Puleston (1974) el mapeo de la brecha sur de Uaxactún en 1966, se reinició la polémica de los asentamientos mayas, el uso del territorio y su densidad ocupacional desde una nueva perspectiva: los datos manejados hasta ese entonces no habían sido exactos en muchos casos o directamente no habían ni siquiera sido tomados en cuenta o estudiados. Las críticas desde la perspectiva teórica las planteó Marshall Becker (1971) en un estudio clásico, presentando las posturas que subyacían tras la discusión de la *ciudad* prehispánica. Para Puleston, la región Uaxactún-Tikal tiene 197 montículos de vivienda por kilómetro cuadrado en las zonas centrales y 88 en las intermedias. Así, las densidades oscilan entre las 222 personas por kilómetro cuadrado en Dos Aguadas, 439 para la zona de Becán, 700 para Tikal central y 1100 para Seibal (Willey, Smith, Tourtellot y Graham 1965). Este último fue otro de los conjuntos que arrojó datos de alta densidad en las excavaciones de 1964-1968, en las cuales se mapearon 25 km2 (Tourtellot 1970).

La profundidad cronológica de la ocupación humana en la zona también fue modificada y lo que sabemos indica que la historia de los mayas puede retrotraerse mucho más de lo esperado; si los datos que se han publicado en los trabajos de Belice (Mac Neish, Wilkerson y Nelken-Terner 1980) se completan, se llegaría hasta el 9500 aC, habiéndose ya detectado 230 sitios arcaicos, todos ellos poblados cercanos a las costas o ríos antes de la llegada de la primera cerámica a la región –la Fase Swazey-, en el 2600 aC. Entonces Cerros, con su gran concentración y sus murallas-diques de protección, su acrópolis fechada para el Formativo del siglo IV aC al II dC, sería una parte coherente de este esquema; lo mismo es para su antecesor Cuello, que presenta restos de arquitectura cubierta con estuco en las plataformas desde el 2500 aC y una construcción con evidencias de uso más sofisticado para el 1500 aC. Quizás en base a toda esta evidencia fue que Gordon Willey escribió, reconsiderando sus posturas anteriores, que:

> "los centros mayas fueron focos de concentración de población. La densidad variaba, acorde al tamaño del centro, probablemente por región; los datos de los centros mayas más grandes (...) indican densidades por encima de 500 personas durante el período Clásico tardío" (Willey 1981).

Otro tema que fue de gran ayuda a los estudios sobre las ciudades mayas fue el gran avance en la traducción de la escritura. La epigrafía tuvo un desarrollo increíble a partir

19

19. **Sayil, México**, ejemplo de un plano de enormes dimensiones del cual este es sólo un pequeño sector, ejemplo de las nuevas técnicas cartográficas de los sitios mayas con indicaciones variadas sobre las características de cada unidad, desde un pequeño basamento hasta un enorme palacio (de: Jeremy A. Sabloff y Gair Tourtellot, *The ancient maya city of Sayil: the mapping of a Puuc region center*, Middle American Research Institute, publicación 60, New Orleans, 1991; sección "Miguel")

de los trabajos iniciales de Enrique Berlin y Tatiana Proskouriakoff quienes identificaron los nombres o signos propios de cada ciudad. Al lograr traducir inscripciones cada vez más largas se pudo ir comprendiendo la forma de vida, de organización de los linajes dirigentes, las guerras y conquistas y muchos aspectos de la cotidianeidad de los grupos dirigentes. En forma paralela, al entender que los monumentos no retrataban a dioses sino a personas determinadas y a sus eventos significativos, la desacralización de la vida maya fue ya imposible de evitar. Las ideas imperantes acerca de una teocracia estricta, de una sociedad estática y sin divisiones sociales –*Los griegos de América* de Morley- o de posibles áreas ceremoniales no urbanas, quedaron en la nada. Al lograrse identificar el nombre y fecha asociado a cada edificio importante, o por lo menos a muchos de ellos, se pudo estudiar la construcción de la ciudad a partir de cronologías exactas, y más aún, saber los motivos por los cuales fue construido o destruido un templo, un palacio u otra obra cualquiera. Las cosas empezaban a tener referentes humanos concretos y eso no era poca cosa.

En otro orden de cosas el trabajo constante de la New World Archaeological Foundation en Chiapas, desde finales de la década de 1950, permitió establecer las grandes líneas de desarrollo histórico regional. A partir de los recorridos pioneros hechos por Gareth Lowe (Lowe 1959; Lowe y Mason 1960), más tarde los de Pierre Agrimier, Román Piña Chan, William Sanders, Tom Lee y otros, y sus estudios en sitios como Izapa, Miramar, Mirador, Chiapa de Corzo, Tzutzuculli, la región y sus subregiones han mostrado la profundidad y complejidad de su desarrollo cultural. Y si bien aún hacen falta libros que permitan una reconstrucción general de la región y en donde se vuelque la monumental cantidad de información ya existente, cosa en la que ha avanzado Thomas Lee en los últimos años, los más de cincuenta volúmenes publicados son únicos en la zona maya y de las culturas conexas.

Lo interesante de este largo proceso de cambio en las ideas acerca de los patrones de asentamiento maya, es que desde el libro de Jorge Hardoy ya citado (1964) no habían textos actualizados que dieran un panorama general que plantee hipótesis serias. Fue en 1975 en que el libro de George Andrews titulado *Maya cities, placemaking and urbanization* salió a la luz, para mostrar un panorama completo para su tiempo sobre el nivel de conocimientos existentes en la materia. Resumía los avances sobre cada ciudad importante además de mostrar una buena serie de planos, que sumados al análisis general sobre las ciudades permitía por fin una visión global; pero el territorio como un todo no existía, siempre se estaba centrado en las ciudades. Hubiera sido de desear que se hubieran incluido sitios menos importantes y mayor información sobre la estructura regional, pero quizás no sea justo pedir tanto a una obra de esa envergadura. Trabajos posteriores del mismo autor han avanzado en otros temas de la arquitectura maya, en especial en las zonas Puuc, Río Bec y El Petén (Andrews 1984 y 1986).

Sólo un año después del libro de Andrews se publicó un texto que unió la epigrafía, la estructura regional y la posible hegemonía de algunas ciudades sobre otras. Se trataba del libro de Joyce Marcus titulado *Emblem and State in the Classic Maya Lowlands* (1976); este libro presentó una reconstrucción histórica de los rangos o posibles niveles de importancia de un grupo de ciudades de las tierras bajas mayas interpretados a través de los "glifos emblemas" de cada una de ellas. A partir del número de veces que el símbolo representativo de cada ciudad aparece en otras, y según el período y otros rasgos arqueológicos, se desarrolló un modelo de correlación tanto en el interior de cada región de las Tierras Bajas como entre ellas. Se trataba de otro paso adelante para entender la complejidad del funcionamiento regional.

Otro libro de su momento fue el ya citado *Atlas arqueológico del Estado del Yucatán*, de Silvia Garza y Eduard Kurjack (1981). Fue el resultado del reconocimiento del norte de la península e incluía los planos detallados de ubicación de muchos sitios. En realidad no aportaba más que la ubicación exacta de lugares conocidos o nuevos pero fue la puerta para relevar y estudiar muchos de ellos que luego se fueron dando a conocer. Este fue el primer "atlas" moderno tras medio siglo de espera y para finales de esa década había varias otras regiones de México bajo mapeo, que irían mostrando sus resultados un decenio más tarde.

Para terminar con esta etapa, el libro titulado *El pueblo maya* escrito por Alberto Ruz (1982) y editado tras su muerte, fue en su momento el texto más actualizado escrito en México por muchos años y quizás el más moderno sobre el tema en español con un cariz de divulgación general. Es diferente a su similar en inglés, de Norman Hammond (1981), ya que si bien presentó información arqueológica mucho más actualizada, la posición histórica, ideológica y social del primero ya es difícil de encontrar en una arqueología cada vez más comprometida con una visión cientificista a ultranza y cada vez más alejada de una postura más humana y más social para con los pobladores de la región.

Quizás un excelente cierre de esta etapa de tantos cambios haya sido el libro publicado bajo el título de *Pre-Hispanic maya agriculture* por Peter Harrison y B. L. Turner en 1978. Allí se partía del hecho de asumir que en los años anteriores se había logrado una primera aproximación a los métodos de la agricultura prehispánica y que lo que las evidencias mostraban era que estos eran diversos y que la idea siempre vigente de que los mayas se sostuvieron con el monocultivo del maíz con el sistema de la milpa y de la quema, ya no debían repetirse. Esto significaba aprender que las ideas monolíticas, la grandes verdades, no podían seguir siendo aceptadas.

Una revisión del tema mostró que en realidad no había comprobación alguna de la suposición de la agricultura de milpa, salvo la analogía con la actualidad, lo que por cierto era un dato bastante endeble. En la década de 1960 habían comenzado algunas críticas –retomando otras de la década de 1930 que habían pasado desapercibidas- sobre la contradicción que mostraban algunos asentamientos muy densos y una economía de baja capacidad productiva; o las ciudades no habían tenido tanta gente o su sostén económico era diferente; y la mayoría optó por creer que las interpretaciones eran erróneas o exageradas (Turner 1978: 20); pero la identificación de camellones de cultivo, canales y áreas irrigadas eran evidencias difíciles de obviar. Fue en ese libro donde por primera vez se habló del Mito de la Milpa (Hammond 1978:23), rompiendo así las barreras para aceptar que economías intensivas podían realmente sostener las altas densidades que se estaban postulando para las ciudades mayas.

VIII

El territorio y los asentamientos mayas en la actualidad

En el año 1990 publiqué un pequeño libro que en cierta medida fue el origen de éste, tal como se explica en la introducción, en el cual se resumían algunos conceptos que, ahora entendemos, reflejaba el cambio entre una etapa y otra del pensamiento y del quehacer arqueológico sobre los mayas. El primer punto al que arribamos como conclusión, al observar los avances producidos en un siglo de investigación y acumulación de conocimientos, era que los mayas habían sido un conjunto de pueblos, lenguas y tradiciones culturales heterogéneos aunque con rasgos culturales comunes –cosa que todos sabíamos-, y que por lo tanto –y esto era lo que no sabíamos- muestran una enorme variedad de asentamientos a lo largo del tiempo. No hay un *modelo* universal para el urbanismo maya, hay muchos y éstos deben ajustarse a la región y la época que se está analizando. Incluso en una misma región había formas de usar el espacio diferenciadas en una misma época en función de factores políticos, agrícolas, geológicos, sociales, de prestigio, de herencia cultural o de simple poder. Es cada vez más clara la no existencia de un modelo general que permita interpretar todo el fenómeno de los asentamientos mayas, ni con la vieja idea de los centros ceremoniales, ni con ninguna otra que sea mecánica, rígida o que quiera englobar la heterogeneidad en la homogeneidad.

El segundo punto que se destacaba era que la ruptura final del *modelo del centro ceremonial* (Becker 1979) había permitido un avance notable, liberando a la investigación de ataduras historiográficas. Esto puede parecer fácil en un contexto académico respecto a ideas impuestas en la década de 1940 y surgidas incluso antes; pero si vemos la bibliografía de divulgación en México, Guatemala o en el mundo entero sobre este tipo de asentamientos, veremos que la idea sigue muy vigente. A esto debe sumarse el final de la concepción teocrática del mundo prehispánico, ya que la lectura de los glifos ha mostrado que lo expresado en la mayor parte de las inscripciones y monumentos hace referencia, directa o indirecta, a personas concretas que reinaron, organizaron guerras o fueron cautivos en momentos históricos determinados. De esa manera los palacios ya no fueron templos.

Si tuviéramos que concretar en una sola idea otra de las transformaciones sufridas para el fin del siglo XX, no hay duda que es el haberse entendido que los asentamientos, en su diversidad, se insertan en estructuras regionales y, a mayor escala, en las redes complejas de toda la civilización mesoamericana. Si bien esto siempre se lo había entendido así, durante los años en que imperó la New Archaeology hubo una tendencia marcada a reducir en lo posible los contactos y relaciones inter-culturales tratando de explicar los desarrollos desde dentro de sí mismos. Esto no terminaba de explicar muchas cosas y la presencia evidente de rasgos culturales y de objetos concretos de una cultura en otra, llevó a la necesidad de revisar lo que sabíamos. Valga de ejemplo la presencia en forma de un barrio completo de artesanos de Oaxaca en plena ciudad de Teotihuacan, o los personajes, arquitectura, cerámica e ideas de esta última ciudad presentes en todo el territorio maya. Cada época y región ha creado redes interconectadas con propósitos diferentes por las cuales circulaban no sólo mercaderías, sino también tributos, ciencia, ejércitos, arte, artistas, ideas, prestigio, poder y dominio. La estructura de comercio e intercambio de bienes, suntuarios o no, operó en corta, mediana y larga distancia, e implicó la presencia constante de esos mercaderes en regiones muy alejadas de las de origen; esto significó un movimiento también cultural, de prestigio e incluso político a grandes distancias; Teotihuacan o los murales de Cacaxtla así lo probarían con los mayas.

Otro importante cambio operado es el conocimiento que la profundidad temporal del fenómeno maya es grande, remontándose la población local en algunas zonas a varios miles de años antes de la era cristiana y el consenso actual es que estamos frente a pueblos culturalmente "mayas" hacia el 1500 aC. La presencia de arquitectura tanto para viviendas simples como otras más importantes en Cuello en el 2500 aC y una ocupación comprobada en Belice desde el 9500 aC permiten abrir nuevas hipótesis para las épocas tempranas.

Este fenómeno, la mayor extensión en el tiempo, está asociado con la confirmación, para las ciudades, que la gran arquitectura es de origen Formativo tardío y no del Clásico Temprano; la agrupación de El Mirador y su monumentalidad ha servido para reconsiderar el fechamiento para muchos de los grandes basamentos de El Petén y las tierras bajas en general. Lo mismo para el arte y los maravillosos estucos hallados bajo la acrópolis de Copán, por dar un ejemplo solamente entre tantos, ya no permite aseverar que el Clásico es el período del "gran" desarrollo. Quizás incluso los términos mismos de Formativo y Clásico cambien algún día ya que tienen en sí mismos connotaciones que ya no ayudan a entender el proceso histórico de estos pueblos. Lo que pudo haber sucedido es que tenemos mucha más información sobre el Clásico porque lo anterior quedó subsumido bajo esa última etapa, disfrazando u ocultando al primer período cuyos logros son a veces tan impactantes como lo que lo continuó. Esto, sumado al pequeño hiatus producido al final del Formativo, muestra que hay otra cultura maya, más antigua, que surge con fuerza aunque tiene un claro tropiezo del que fue saliendo finalmente airosa para entrar en el gran desarrollo del período Clásico.

El ingreso al siglo XXI permitió asumir que ya está comprobada la alta, e incluso muy alta, densidad habitacional en muchos de los centros mayas, con total independencia del volumen de arquitectura templaria o palaciega, o de la función que haya cumplido intra o extra urbana. Asimismo la construcción de esas ciudades y su arquitectura implicó un tremendo esfuerzo social, dirigido por especialistas y con un alto costo de injusticia, desigualdad y explotación del hombre por el hombre. La antropología física ha mostrado la desigualdad de la dieta en los grupos sociales (Haviland 1967 inició estos estudios). El mundo paradisíaco de sacerdotes y campesinos felices que circuló hace medio siglo sólo fue una expresión más del *American Way of Life* de la posguerra de 1945.

Marxismo, Ecología Cultural y la renovación de la arqueología de las ciudades
Hay que incluir algunas palabras para explicar parte de los grandes cambios ocurridos en la arqueología mesoamericana en el estudio de nuestros temas, tanto en la hecha por Estados Unidos como por los países de la región. Por una parte es cierto que había una evolución fuerte hacia determinadas preocupaciones que desde hacía años venían

quedando soslayadas, como las evidencias cada vez más fuertes que mostraban densidades importantes, que su vez ponían en jaque las ideas preexistentes sobre capacidad productiva agrícola. Pero la década de 1970 fue muy marcada por la presencia del pensamiento marxista, en especial por el estudio de los Modos de Producción. Esto no era totalmente nuevo y estaba en el pensamiento de las ciencias sociales desde hace tiempo; en México existía y crecía lo que se llamaba "arqueología social". Dado el énfasis que se hacía en los problemas económicos, las clases sociales y en la llamada infraestructura productiva como forma de explicar la cultura, muchas veces este camino se cruzaba con el de la Ecología Cultural impulsada por Julian Steward. Los difusos límites entre las viejas ideas de Karl Wittfogel sobre el control hidráulico y las grandes obras públicas en Asia que fueron retomados por Angel Palerm, y la presencia en México de Paul Kirchoff y Pedro Armillas de la década de 1950 quienes después irían hacia Estados Unidos, más los aportes de Eric Wolf y el citado Palerm diez años más tarde, hizo que todo el conjunto influyera fuertemente sobre el conocimiento de su tiempo y sobre algunos arqueólogos de primer nivel, quienes harían grandes cambios en los años siguientes. En la Escuela Nacional de Antropología de México el marxismo era la teoría dominante e incluso Palerm fue director del CISINAH en esos mismos años.

En este sentido hubo cinco trabajos arqueológicos a escala territorial en México y Guatemala que realmente cambiaron la visión del pasado y de la forma de estudiarlo: el mapa de Teotihuacan dirigido por Rene Millon, los reconocimientos a escala territorial de Monte Albán de Richard Blanton, los ya citados de Tikal, el estudio del valle de México hecho por William Sanders, Jeffrey Parsons y Blanton, y el de la región de Puebla-Tlaxcala hecha por los equipos alemanes, aunque en este último caso por el idioma, su difusión en impacto fue mucho menor. Lo interesante es que cada uno de estos proyectos estableció una manera diferente de encarar el problema que tenía en frente de ellos, desarrollando técnicas y metodologías, e incluso interpretaciones diferentes.

Después de esto hablar de una ciudad, un asentamiento o un territorio tomaba cauces diferentes a todo lo precedente; es cierto que era aun posible –ya lo veremos- adaptar nuevos descubrimientos a viejas ideas, pero era imposible sostenerlo con seriedad. Este conjunto de información nueva, que en forma abrupta se volcaba sobre Mesoamérica, produjo la necesidad de revisar muchos conceptos tradicionales y abrir una visión más amplia de los asentamientos y del entorno a ellos, de la que ya no se podía volver atrás.

El estado actual del tema y los nuevos problemas
¿Cual es ahora el panorama consensuado sobre asentamientos urbanos y densidades habitacionales? Creo que es factible asumir que desde los inicios de la década de 1990 y en especial tras la edición del libro de Patrick Culbert *Precolumbian population history in the Maya lowlands* (1990), las cosas han quedado mucho más claras que en los años de discuciones anteriores. Es interesante evaluar históricamente este proceso de cambio en los conceptos y más aun como no ha sido ésta una construcción lineal o mecánica: hemos visto que en el siglo XIX ya se tenía clara la alta densidad poblacional maya. Buen ejemplo puede ser el recorrido que Désiré Charnay hizo en la década de 1880 por varios sitios, entre ellos Comalcalco y su imagen bien descripta de que era un sitio enorme con unas mil construcciones dispersas en una gran superficie de terreno. Cuando Frans Blom volvió con Oliver La Farge en 1925 escribió que "es una ciudad

típica del Viejo Imperio, de tamaño nada extraordinario" (1927). Mucho más tarde, en 1966 se publicó el mapa de George Andrews en que mostraba la presencia de 111 estructuras en menos de un kilómetro cuadrado, lo que lleva a un promedio de 150 estructuras para un kilómetro de superficie. Después de él, en 1972, Ponciano Salazar del INAH volvió a mapear, en este caso los alrededores, encontrando 282 construcciones y subiendo el promedio –para una superficie que no sólo cubría el centro, sino también parte de la periferia- a 41,77 estructuras por igual superficie. Este dato ha sido confirmado aunque con ligeros aumentos con los trabajos de José Luis Romero (1995), que cubriendo una superficie de casi 50 kilómetros cuadrados obtuvo un promedio de 54 estructuras. Esto habla sin duda de una alta concentración de población, sin bien diferenciada por sectores y con un núcleo muy denso, imagen que sin duda se acerca más a la del viajero Charnay que a la de un arqueólogo de la talla de Blom.

Hay otro ejemplo reciente valioso: Calakmul, un sitio que nunca había sido considerado entre los de primer rango aunque si como de importancia; quizás por haber sido estudiado tempranamente por la Carnegie, fue con el relevamiento dirigido por William Folan a partir de 1990 cuando se tomó conciencia de que se estaba frente a un sitio de la talla de Tikal (Fletcher y Gann 1990), pese a que la alta presencia de glifos-emblema ya lo había predicho. Del sitio se mapearon casi 50 kilómetros cuadrados con 6000 "rasgos culturales" mostrando que la ciudad debió cubrir unos 70 km2 o aun más. Si se hace el cálculo ya establecido (Turner 1990) para saber la densidad de población en el período de máxima utilización del sitio en el período Clásico tendríamos unos 24.000 personas viviendo en el centro urbano con un promedio de casi 229 personas por km2, lo que sin dudas es una densidad muy alta.

Pero regresando al citado libro organizado por Culbert lo que podemos extraer como concepto consensuado es que a cualquier cálculo poblacional de un asentamiento arqueológico debemos corregir los siguientes aspectos:
1) Las plataformas no visibles o la falta de evidencias de ellas
2) Las estructuras no residenciales
3) La contemporaneidad o no de las estructuras
4) Las estructuras abandonadas
5) El tamaño de la familia

Cada uno de estos temas ha llevado mucha literatura, pero en síntesis expresan los datos fundamentales a discutir en cada caso. Por último la idea de promedios comparables ha resultado también complejo: si tenemos un cálculo para una superficie determinada es necesario proyectarla hacia unidades comparables (un km2 por ejemplo) lo que produce distorsiones ya que la medida se extrapola hacia áreas no relevadas o, peor aun, a zonas no ocupadas por estar cubiertas de bajos o pantanos. En este último caso, ¿se deben descartar esas superficies o incluirlas en los cálculos?

Sin duda alguna Copán es hoy en día el sitio maya más estudiado y conocido tras los años de estudio bajo la dirección de Gordon Willey y Claude Baudez en la década de 1970, por William Sanders y David Webster en la de 1980 y Arthur Demarest en la de 1990. Copán significa un caso interesante ya que en una amplia extensión de casi cien kilómetros a la redonda no hay ningún otro centro que haya coexistido con él, ni siquiera de tercer categoría, hasta llegar a Quiriguá en otro valle. En ese territorio se han identificado 549 centros o asentamientos con 4509 estructuras en lo que se han

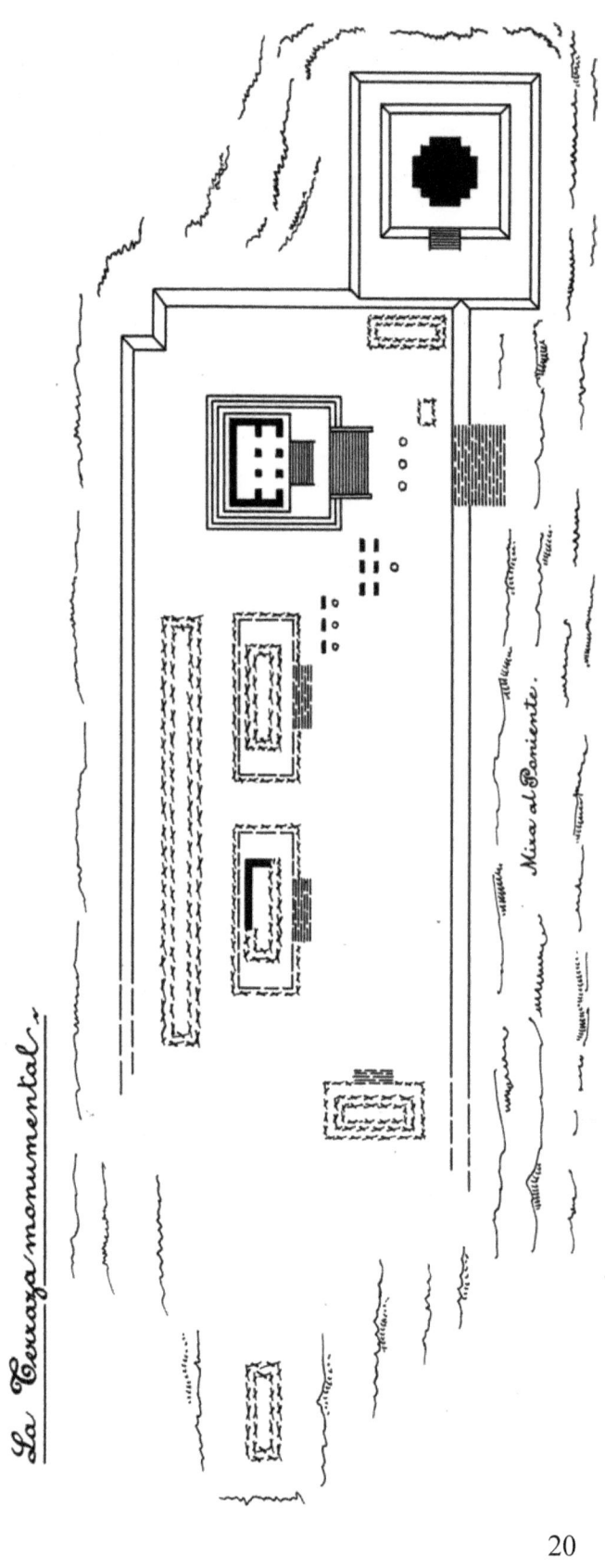

20. **Topoxté, Guatemala**, plano de Teobert Maler publicado en los inicios del siglo XX, en que el pionero de la arqueología vió en esa isla sólo media docenas de construcciones interpretadas como templos sobre una plataforma (de: Gerdt Kutscher, *Bauten der maya*, Monumenta Americana vol. IV, Gebr. Mann Verlag, Berlín, 1971; lámina 10)

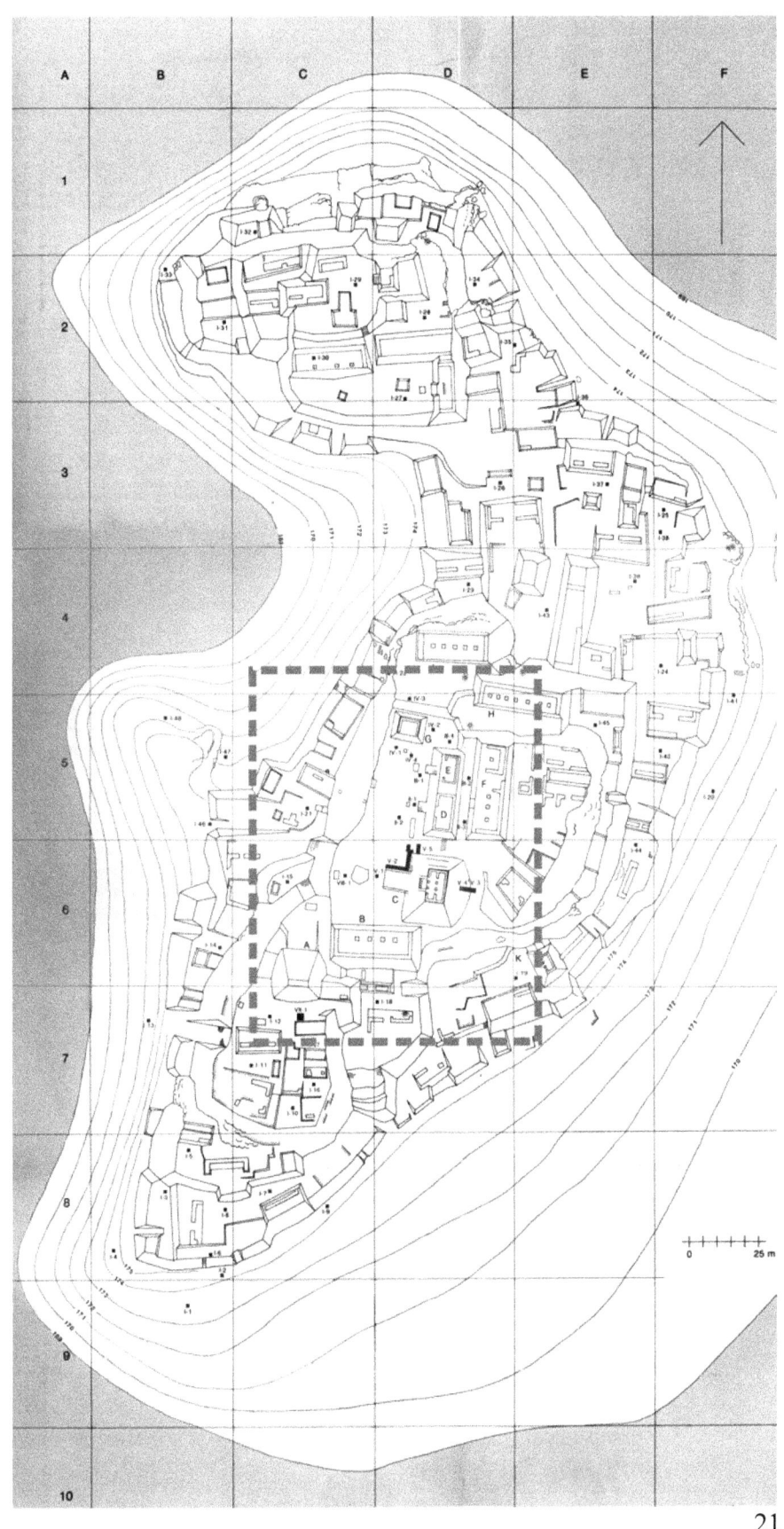

21. **Topoxté, Guatemala**, plano actual de la isla en que el sector de Maler (Sector recuadrado) es sólo el grupo superior de una enorme masa de edificicaciones concentradas en una pequeña superficie (de: Wolfgang Wurster, Maya-architektur auf der insel Topoxte in see von Yaxha, Peten, Guatemala, *Beitrage zur allgemeinen und vergleichenden archaologie* vol. 12, pp. 261-302, Bonn, 1992; lam. 23)

considerado 1429 sitios que cubren 62 km2. Los cálculos poblaciones son: 250 personas en el grupo principal de edificios, entre 5797 y 9464 habitantes en el centro urbano y entre 9360 y 11.639 personas en el área rural. Todo esto da un total de entre 3010 y 3725 habitantes con una densidad de 6 a 7.5 personas por km2. El total es de al menos 18 mil y un máximo de 24 mil habitantes para el período Clásico (Webster y Freter 1990). La cercana Quiriguá, sin duda mucho menor, dio una población entre 427 y 2223 personas para el asentamiento con una densidad muy variada, entre 142 y 741 personas, debido a las dificultades que presenta el cálculo en estructuras que en su mayoría están profundamente enterradas por el sedimento (Ashmore 1990).

Tikal, el otro sitio sistemáticamente estudiado y mapeado desde la década de 1960 como hemos descrito, tiene ya una enorme superficie mapeada en torno de su centro urbano, que ya cubre 120 km2. Sin entrar a detallar las diferencias de mapeo de cada proyecto llevado a cabo en el lugar durante treinta años y como en cada caso variaron las cifras, hoy podemos aceptar la existencia de 112 construcciones por km2. La zona central de 9 km2 –sin calcular los edificios principales tipo palacios- tenía 8300 personas (922 hab/km2), el círculo siguiente de 7 km2 tuvo 4975 personas (711 hab/km2) y el resto de 104 km2 tuvo 45.720 habitantes con una densidad de 440 hab/km2, lo que lleva a un total de casi 59 mil personas para el sitio, que sumado al centro mismo llega a cerca de 62 mil. Por supuesto si se amplía el área considerada rural y no mapeada, el cálculo llega a cerca de 120.000 personas para Tikal en su máxima ocupación. Se ha pensado que el dominio de esa ciudad, incluyendo otros centros secundarios, en lo que se denomina el Estado de Tikal, debió tener cerca de 425 mil habitantes (Culbert y Kosakowsky 1990).

Para completar el cuadro de los sitios que han mostrado cambios profundos en el conocimiento que se ha obtenido de ellos sobre los patrones de asentamiento, no podemos dejar de citar nuevamente a Komchén. Más allá de los datos iniciales, hoy entendemos que se trata de una concentración temprana anterior al gran desarrollo de los mayas clásicos. Esto puede entenderse de muchas maneras, pero lo más importante ahora es que nos muestra un sitio que si bien quizás fue similar a otros del norte yucateco, a éste no lo cubrieron las construcciones tardías. Esto en sí mismo es fascinante: una ciudad fósil del Formativo, sin alteraciones ulteriores. Vista de esta manera el lugar mostró al ser mapeada un área de 2.4 km2 que es un 40 % de lo que el lugar fue en su totalidad; se identificaron 505 estructuras dentro de esa superficie. El conjunto tiene un solo grupo central alrededor de una plaza que indica haber sido el centro del conjunto y, unido por un sacbé, otro grupo muy grande aunque parte de las cercanas ruinas de Dzibilchaltún. Para calcular la población se ha considerado que deben existir unas 1000 construcciones. Para las fases Xculul y Nabanché tardía la población debió oscilar entre 2500-3000 al inicio y 1500-1000 habitantes al finalizar:

> "esta cifra es sustantiva para un centro pre-urbano en cualquier parte del mundo y sin duda preanuncia un modelo de asentamientos densos, como se ve en el norte de Yucatán durante el período Clásico terminal" (Ringle y Andrews V, 1990:229).

La cifra final máxima estimada para la densidad es de 1000-1500 personas por km2.

Las consideraciones sobre Komchén, sumado a lo sabido de Dzibilchaltún, han completado el cuadro del Yucatán norte, entendiendo la vacuidad de las ideas de Morley y la Carnegie que presuponían que la densidad habitacional de Mayapán era debida a un patrón de asentamiento tardío heredado de los toltecas –y por ende no maya-, ya que no coincidía con los conceptos preestablecidos de ciudades poco densas. A la vez entender que las densidades del Formativo fueron en muchos casos fuertes y que la distribución y uso del suelo urbano estuvo determinada desde temprano, consolidándose en épocas tardías que fueron cubriendo una y otra vez lo precedente hasta hacerlo invisible.

Las arquitecturas de cada sitio son de una gran variedad, esta es otra presunción razonable que se ha consensuado y por la que venía peleando Linton Satterwhaite desde inicios de 1930; esta heterogeneidad se amplía a medida que la investigación continua: además de viviendas, templos, altares y palacios, existen muelles, depósitos, talleres, puentes, caminos, silos diversos, fortificaciones, plataformas para secar sal, represas, canales, plazas, patios, baños de vapor, mercados, edificios para actividades cívico-políticas, torres, defensas, sistemas de riego, camellones de cultivo, observatorios, estructuras para sostener panales de abejas y una larga variedad más. Actualmente incluso se han logrado identificar edificios de cierta categoría que parecen ser comedores o lugares de recepción o banquetes para los grupos más elevados de la sociedad.

Otro tipo de análisis ha profundizado en el uso de la cultura material con un fuerte sesgo etnoarqueológico, lo que ha permitido entender mejor el uso de las construcciones y de los conjuntos artefactuales asociados a las viviendas (estudios iniciados por Hayden y Cannon 1978); esto es importante ya que en el cálculo poblacional de un asentamiento se incluyen habitualmente como unidades domésticas a los los grupos de piedras o concentración de tiestos o metates, sin que realmente sepamos de que se tratan. En este sentido los análisis químicos de las viviendas han abierto dos posibilidades poco consideradas hasta ahora: determinar las áreas de actividad dentro de la construcción (trabajo, depósito, ceremonial, cocina, circulación o dormitorio) al igual que el posible número de familias viviendo en los interiores; el caso de Copán permite asumir que al menos en cada unidad de vivienda habían dos familias (Manzanilla y Barba 1990) lo que cambiaría en forma brusca los cálculos demográficos. Los estudios sobre el guardado de maíz y otros productos asociados a la vida doméstica, reconociendo el tipo de construcciones usadas, primero desde la etnología y luego en la arqueología, ha servido para identificar las construcciones destinadas a esta actividad (Smith 1991).

Las obras de infraestructura urbana han empezado a ser analizadas: deposición de basura, canales, acceso al agua, plantaciones internas, circulaciones entre edificios, barrios especializados cuando los hubo. De todas formas grandes preguntas aún subsisten: los talleres de piedra en el norte de Belice, como Nohmul y Colhá están permitiendo aclarar el tema de los basurales, los estudios apenas iniciados pero ya presentes en muchas excavaciones sobre el uso de la basura y escombro para rellenos de pirámides se hace cada día más evidente, al igual que la nivelación de los terrenos – tierra y piedra incluida- que a la vez también servían para las obras construidas. Pero estos trabajos están dando sorpresas interesantes: los estudios de microlítica en Copán – valgo de ejemplo- muestran que en un centro de tan alto rango y en los palacios más distinguidos del sitio, la talla final de la obsidiana era una tarea interna y posiblemente hecha a medio tiempo por los mismos ocupantes, y no un trabajo de artesanos especializados como tanto se creyó (Aoyama 1999). Y además se logró obtener información sobre el uso de estos artefactos en carpintería y tratamiento de cueros en especial entre los sitios de bajo nivel residencial. Esto, además de hablar de variabilidad social, nos acerca la mirada hacia lo que realmente significó el rango social entre los mayas, al menos en ese sitio tan destacado.

La arquitectura en general, no sólo la llamada ceremonial o religiosa, tuvo funciones que iban más allá de dar albergue: sirvió para legitimar el poder de los grupos dirigentes y la iconografía y las inscripciones que la decoran así lo muestran; el gasto suntuario no fue en vano; valgan para ellos los ejemplos de Bonampak, Yaschilán, Piedras Negras, Tikal, Toniná y Palenque en los cuales la lectura de los glifos ha avanzado rápidamente en este sentido. Esto ha permitido entender fenómenos tan peculiares como las alianzas o las guerras entre ciudades, no sólo porque ha explicado la presencia de sitios amurallados y defendidos, aunque tampoco es posible olvidar la gran muralla que rodea en parte a Tikal y a Chichen Itza, sino también las relaciones, influencias o incluso rechazo a estilos de arte o de arquitectura. En los palacios, sin duda los edificios más espectaculares producidos por los mayas en sus enormes conglomerados llamados acrópolis, han ido siendo fruto de análisis interdisciplnarios (Christie 2003) y revisar la bibliografía producida es buena muestra de hasta donde se ha avanzado en medio siglo de trabajo intenso.

Y para seguir con la arquitectura, el análisis iniciado en Tikal por William Haviland sobre el funcionamiento de las unidades habitaciones de alto y medio rango social ha resultado ser una asidua línea de investigación. En sitios como Quiriguá, Copán o Sayil, por citar algunos muy conocidos, estos estudios permiten ahora otorgarles nivel social a sus ocupantes y entender de qué manera se usó cada parte de esas agrupaciones tan complejas a primera vista; es así que las estructuras internas a los asentamientos se han ido clarificando y cobran sentido. Imaginar que se ha logrado esto, es decir pasar de pensar centros ceremoniales vacíos a definir la ocupación y uso de cada construcción en cada unidad habitacional, fue un paso formidable. Hay otro tipo de avance que ha resultado tentador en sus posibilidades: la presencia de conjuntos arquitectónicos típicos de otras ciudades en zonas muy alejadas; en la década de 1970 llamó mucho la atención al identificarse arquitectura teotihuacana en Yaxha o Tikal, luego el descubrirse en ese primer sitio un barrio de Oaxaca, otro de la costa del golfo y uno maya; más tarde comenzaron a identificarse edificios Puuc en la zona Chenes o viceversa y en ese sentido los estudios de Andrews y de Gendrop sobre la difusión de rasgos arquitectónicos de fachadas por el Yucatán deben ser destacados. Hoy sabemos de la presencia de edificios de Chichen Itza y Mayapán en en Petén central, en la localidad de Sacpetén. La puerta para estos estudios sigue abierta y deparando sorpresas.

Obviamente aun hay mucho por discutir, pero el avance es notable al ser observado históricamente. Un ejemplo muy reciente que permite entender un sitio de escala menor que es ejemplo de técnicas de excavación, es Nohoch Ek (Taschek y Ball 2003). Este sitio había sido excavado en 1949 y sus pequeños grupos de arquitectura habían sido interpretados como un centro ceremonial vacío usado por pobladores viviendo en las cercanías. El meticuloso trabajo hecho permite entender que:

> "Nohoch Ek no fue un centro ritual o ceremonial, ni un centro cívico, ni una estación astronómica, ni un nodo de una estructura jerárquica de múltiples niveles primarios y secundarios dependientes. Mohoch Ek fue un grupo-plaza residencial asociado al menos espacialmente con una cantidad de pequeños grupos de plazas y cuadrángulos de edificios. Quienes vivieron y trabajaron en Nohoch Ek no eran notablemente ricos ni pertenecían a ningún

rango elevado o status especial, pero pese a eso podían dirigir una modesta cantidad de fuerza de trabajo local. Los residentes en Nohoch Ek no eran dirigentes, astrónomos o sacerdotes (...), ellos parecerían ser en primera instancia, granjeros" (Taschek y Ball 2003:385).

Otro cambio en la lectura de la estructura interna de las ciudades y de los asentamientos en general es que las plazas mismas no han sido sólo sitios de grandes reuniones ceremoniales; el estudio iniciado pero aún no extendido de la liberación de grandes superficies de pisos mostraría usos diversificados. Lo poco hecho en Cerros y en Tikal, indica la existencia de lo que puede interpretarse como un gran mercado al aire libre con tiendas de materiales perecederos.

El uso del espacio a nivel territorial ha cambiado ya en forma definitiva y es aceptado que pueda ser leído de muchas maneras: en función de la difusión de los glifos emblemas, o de la iconografía arquitectónica (como hizo tantas veces Paul Gendrop), por la cerámica (el método más habitual en el siglo XX) e incluso con la nueva interpretación del papel de los *sacbés* -para el caso del Yucatán tardío-, que tradicionalmente entendidos como caminos están mostrando mucho más: quizás límites de territorios, quizás símbolos de dominación de linajes dinásticos, muestra de poder, interrelación entre grupos diversos. Incluso creo que me tienta más la idea de una expresión física del territorio bajo el control de un linaje dinástico y de su expansión. Los estudios hechos en Cobá mostraron su poca funcionalidad como circulación y la necesidad de redefinirlos; ya han habido avances al respecto.

En cada asentamiento hay procesos de continuidad y cambio por motivos internos o externos que pudieron darse con independencia de lo sucedido a otros sitios cercanos o lejanos. Así, lugares cercanos y contemporáneos pueden tener grandes monumentos mientras otros no; presentar ejemplos de arquitecturas o decoraciones de otros sitios durante cortos períodos –las fachadas zoomorfas por ejemplo-, usar artistas provenientes de otras ciudades modificando abruptamente sus tradiciones plásticas, o establecer estrechas simbiosis esculturales como sucedió entre Quiriguá y Copán durante el corto tiempo en que sus linajes dirigentes estuvieron unidos por matrimonios políticos o mientras estuvieron en guerra en el año 737 dC. Dentro de la generalidad regional, cada caso implica análisis específicos.

Otro aspecto que ha sido asumido como aceptado es la enormidad de información que ha quedado sumergida bajo las enormes estructuras y basamentos del Clásico y Posclásico; era obvio que en Copán o en Tikal las acrópolis incluían en su interior cientos, quizás miles de construcciones, modificaciones y transformaciones de edificios que fueron cubiertos una y otra vez por montañas de piedra. Pero en otros casos no estaba tan claro y Uaxactún había sido el caso temprano inicial para plantear este tema, pero la dificultad de excavar por túneles y sus costos hacían complejo saber que había pasado dentro de esas estructuras gigantes. Y si bien en los últimos años Copán ha demostrado con creces, gracias a los estudios de Demarest, que esto es realmente cierto, hay un sitio muy pequeño que considero relevante por sus resultados: Topoxté. Las excavaciones dirigidas por Wolfgang Wurster en los inicios de 1990 mostró que la isla sobre la cual está el sitio es en su base natural, pero el resto es un obra que mide en altura hasta quince metros de construcciones sobrepuestas unas a otras, lo que transformó toda la superficie de la isla hasta hacerla irreconocible; en sus 200 por 400 metros lo que para Teobert Maler había sido sólo una plataforma con pocos templos

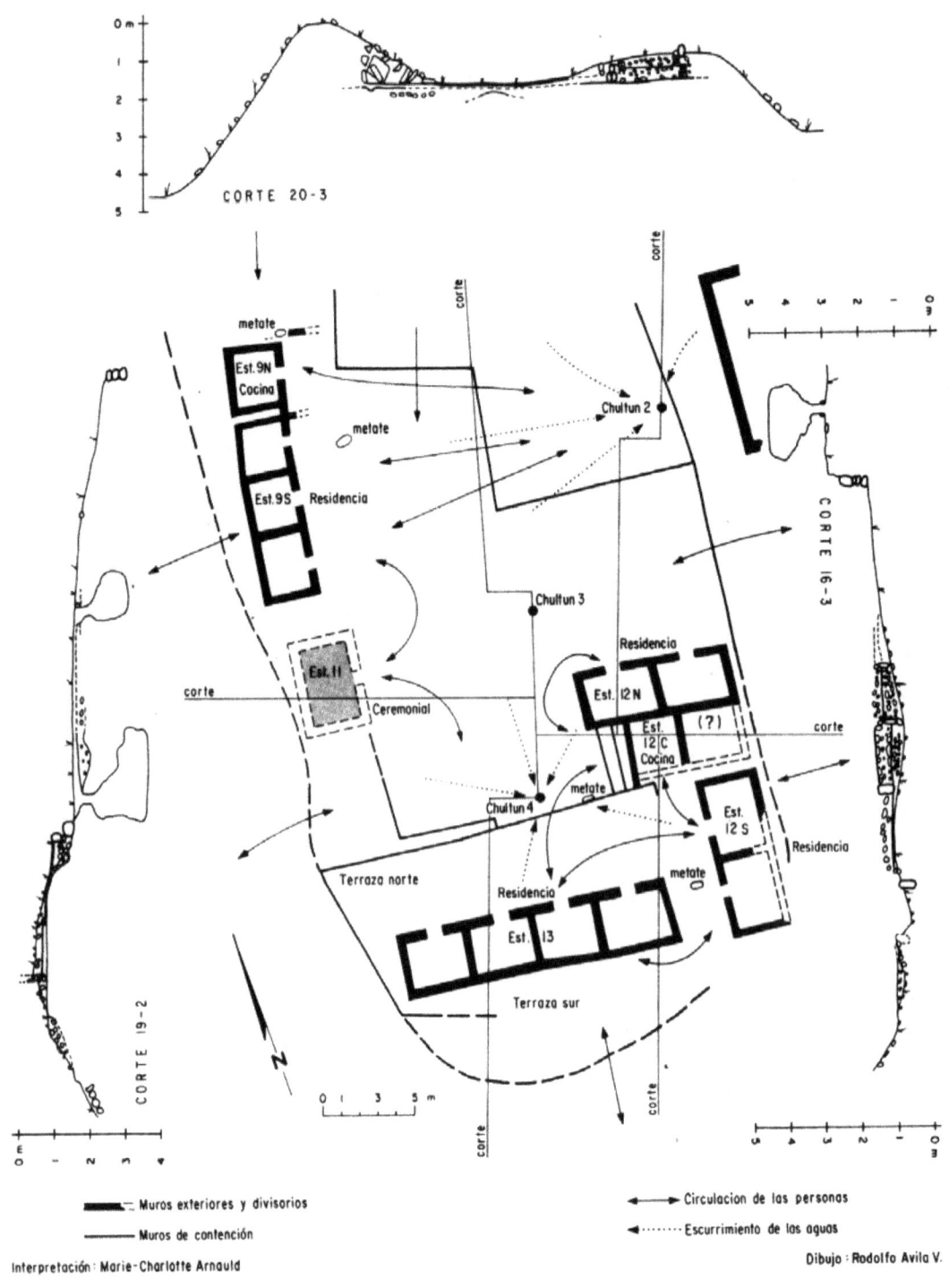

22. **Xcochkax-centro, México**, un ejemplo de los planos recientes en que se ubica cada objeto hallado y se interpreta el funcionamiento del conjunto habitacional con sus desagues y posibles movimientos de los usuarios (de: Pierre Becquelin y Dominique Michelet, Demografía en la zona Puuc, el recurso del método, *Latin American Antiquity* vol. 5, no. 4, pp. 289-311, 1994, figura 5)

terminó siendo una secuencia constructiva que se remonta al 300 aC y termina en el 1450 dC tras haber remodelado toda la superficie con edificios superpuestos. Es cierto que el sitio no tiene espacio para extenderse, pero ¿cuántas construcciones similares se conocen incluso en otras islas?

Respecto al territorio y los asentamientos dispersos han avanzado los estudios sobre la ecología tanto actual como prehispánica, lo que permite hacer suposiciones posiblemente más certeras sobre el pasado. Valga un ejemplo: los estudios de la región de El Cajón en Honduras de la década de 1980 permitieron arribar a una serie de conclusiones sobre la relación entre la ubicación de los sitios y las características productivas, geológicas y geográficas (Hirth, Lara Pinto y Hasemann 1989). Lo aprendido es que el estudio de la capacidad de producción y las características del lugar permiten predecir con cierta razonabilidad la ubicación de los asentamientos, aunque no con certeza ya que concurren otros factores no determinables (sociales, culturales, políticos y de otros órdenes); en este sentido la zona de El Cajón mostraría una postura diferente a lo sucedido en Oaxaca o Teotihuacán en donde los sitios responden a otras lógicas territoriales. Esto, como conclusión, no es poca cosa, ya que tras treinta años de interés en la ecología cultural, al menos desde que William Sanders la difundió metódicamente, los resultados a gran escala están a la vista.

El tipo de investigaciones antes citadas, que cubren amplios espacios amplios de territorio, han ido permitiendo construir interpretaciones sobre la producción agrícola en torno a centros de primer rango, como el caso de Palenque, entendiendo así la estructura que permitió la alta productividad que sostuvo, además del comercio y otros mecanismos culturales, la existencia de la alta densidad del sitio (Liendo Stuardo 2002). Así como la década de 1980 permitió entender primero el derrumbe del "modelo de la milpa y roza" para la agricultura maya, veinte años más tarde tenemos ya explicaciones regionales. Este también es un avance notable del conocimiento.

Para cerrar hay que citar que ya tenemos, por primera vez, una aproximación bastante seria a la densidad habitacional de una región maya, el área de la tierras bajas. Desde hace mucho se han barajado cifras del total de mayas existentes en el período Clásico, que iban desde un millón hasta los trece millones de Morley y los Ricketson con densidades que iban de 4 a 51 habitantes por km2. Hoy podemos asumir que para el 800 dC había entre un millón y tres millones de personas solamente en esa zona, con datos bastante certeros; y que Tikal en su territorio pudo haber llegado ella sola a controlar hasta un millón y medio de habitantes en su cifra más alentadora entre el 600 y el 800 dC.

Algunas últimas consideraciones
Hay una duda que permanece pese a todos los avances y cambios que la arqueología en sí misma ha tenido en los últimos treinta años y a todo lo que hemos aprendido y conocido: porqué se siguen asumiendo como "grandes verdades" hipótesis no comprobadas y se las repite y hasta se establecen proyectos de investigación a partir de ellas sin que haya pruebas concretas; resulta intrigante pensar el porqué.

La más interesante de estas presunciones consensuadas es la continuación en todo el mundo y en casi todos los niveles científicos o populares, de la idea de que las ciudades y los asentamientos prehispánicos han sido centros ceremoniales, y no sólo en el caso de los mayas. Otro es que la religión es un tema central y que su estudio explicaría el funcionamiento de las sociedades, caracterizadas como fuertemente teocráticas. Valga un ejemplo externo al área maya: Monte Albán. Desde hace un siglo ha sido considerado por la enorme mayoría de la bibliografía e incluso por el públcio en general como un típico "centro ceremonial" pese a que se ha demostrado hasta el cansancio que no lo fue, es más, que la iconografía de sus monumentos básicamente relacionados con la guerra, la conquista, el sacrificio de los cautivos y la entronización de sus gobernantes.

En América Latina esto temas son una verdad absoluta incluso en las universidades, salvo contadas excepciones, y una verdad indiscutible en la divulgación y la educación no arqueológica. Gran parte de la bibliografía de la especialidad misma producida en América Latina sigue repitiendo lo mismo, a veces mezclando en forma indistinta palabras como ciudad, área urbana o centro ceremonial, sin comprender bien el significado de lo que se dice. Y se continua aseverando que eran sitios de culto asociados a sacerdotes; la idea de que un personaje tallado en una estela o relieve sea la imagen de alguien que vivió y reinó, resulta casi irrisoria. Es más, en instituciones tan serias como el Instituto Nacional de Antropología de México se siguen reeditando los libros clásicos sin crítica alguna, valga el libro monumental de Ignacio Marquina sobre el cual tanto hemos hablado, que mantiene impenetrable el tema pese a que se han revisado otras cuestiones en él. El mismo Instituto publica libros nuevos con esta definición y en sus espectáculos nocturnos y en la difusión que hacen de su patrimonio se insiste en eso una y otra vez. Y no sólo México, en las actuales Guatemala, El Salvador, Honduras o Belice las cosas no son diferentes.

¿A qué se debe el aferrarse a esto? Mucho se ha escrito sobre el nacionalismo mexicano y su relación con la arqueología, el rescate del pasado y el uso que le han dado, pero en otros países las cosas han sido diferentes y los resultados son los mismos. Creemos que es un tema a explorar sobre el imaginario del pasado que tenemos en las sociedades modernas, heredado de los siglos de dominación hispánica y que rebasa ampliamente los objetivos de este libro.

Quizás y aunque sea en forma un poco ligera podemos pensar también en la marcada diferencia que ha habido entre la arqueología hecha por los propios países de la región y la del exterior, en especial Estados Unidos. Es evidente en lo que hemos visto en este libro que gran parte de los cambios en la forma de pensar (las teorías) y en la manera de hacer los trabajos de campo (los métodos y las técnicas) han sido hechos por investigadores extranjeros; cabe preguntarse si es una cuestión de disponibilidad económica, de manejo de información, de generación de ideas en un sistema universitario y de museos muy eficiente u otras posibilidades. Por supuesto, hay un problema de selección de la información por si misma, ya que lo que me ha preocupado en este libro es lo que más le ha interesado a ciertos grupos de investigadores de Estados Unidos y no a otros que están interesados en otros temas. Pero quizás la respuesta obvia sigue siendo la misma que propusimos hace años (Schávelzon 1991): las misiones provenientes del exterior sólo hacen excavaciones y luego pueden dedicarse al trabajo de laboratorio o a desarrollar tranquilos sus interpretaciones, mientras que en América Latina los países tienen como objetivo primario el preservar y restaurar esos sitios y construcciones, miles y miles de ellos, que demandan recursos inconmesurables y siempre escasos. Los arqueólogos se agotan en el rescate y las acciones de salvaguarda con pocas opciones de desarrollar grandes proyectos continuados en el tiempo; quizás esa sea la diferencia que ahora existe, en el caso de México, entre el Instituto Nacional de Antropología y la Universidad Autónoma, que han desarrollado diferentes formas de hacer arqueología ya que sus responsabilidades son diferentes.

¿Explica esto las marcadas diferencias que se han visto en este libro?, quizás si, al menos en parte. Pero de todas formas la profundidad de los conocimientos que se tienen sobre el pueblo maya tras un siglo de trabajo, son de todos y compartidos por toda la sociedad.

IX

Bibliografía

Adams, R.E.W.
1964 Seibal, Petén: una secuencia cerámica preliminar y un nuevo mapa, *Antropología e Historia*, vol. 16, nos. 1-2, pp. 3-12, Guatemala.
s/f. *Report on an archaeological reconnaissance in the central highlands of Chiapas, México,* manuscrito.

Agrimier, Pierre
1983 Tenam-Rosario: una posible relocalización del Clásico Maya terminal desde el Usumacinta, *Antropología e Historia de los Mixe-Zoque y Mayas*, pp. 241-254, UNAM, México.

Argucia Fasquelle, Ricardo
1980 Asentamientos del Clásico tardío en el Valle de Comayagua, *Yaxkin* vol. III, N° 4, pp. 249-264, Tegucigalpa.

Alcina Franch, José
1995 *Arqueólogos o anticuaros, historia antigua de la arqueología en la América española*, Ediciones del Serbal, Barcelona.

Andrews, Anthony
1977 Reconocimiento arqueológico de la costa norte del estado de Campeche, *Boletín Eucady*, vol. 4, N° 24, pp. 64-77, Mérida.
1978 Puertos costeros del postclásico temprano en el norte del Yucatán, *Estudios de cultura maya,* vol. XI, pp. 75-93, México.
1983 Reconocimiento arqueológico de Tulum a Punta Allen, Quintana Roo, *Boletín Eucady*, N° 61, pp. 15-31, Mérida.

Andrews, Edward Wyllis
1943 *The archaeology of Southwestern Campeche*, Carnegie Institution, Contribution N° 40, Washington.
1960 Excavations at Dzibilchaltun, Northwestern Yucatan, Mexico, *Proceedings of the American Philosophical Society*, vol. 104, N° 3, Philadelphia.
1961 *Preliminary report on the 1959-60 field season*, Middle American Research Institute, New Orleans.
1962 Excavaciones en Dzibilchaltún, Yucatán, 1956-1962, *Estudios de cultura maya*, vol. II, pp. 149-183, México.
1965 *Progress report on the 1960-4 field seasons,* National Geographic Society, Tulane University Dzibilchaltun Program, publ. 31, pp. 23-67, New Orleans.

Andrews V, Edward W
1976 *The archaeology of Quelepa, El Salvador,* Middle America Research Institute, New Orleans.
1981 Dzibilchaltun, *Supplement of the Handbook of Middle American Indians*, vol. I, pp. 313-341, University of Texas Press, Austin.

Andrews, E.W. y Anthony Andrews
1975 *A preliminary study of the ruins of Xcaret, Quintana Roo, Mexico, with notes on other archaeological remains on the East coast of Yucatán Peninsula*, Middle American Research Institute, New Orleans.
1980 *Excavations at Dzibilchaltun, Yucatan, Mexico*, Middle American Research Institute, New Orleans.

Andrews, E. W, W. Ringle, P. Barnes, A. Barrera, T. Gallareta
1984 Komchen: an early Maya community in Northwest Yucatan, *XVII Mesa Redonda*, vol I, pp. 73-92 Sociedad Mexicana de Antropología, México.

Andrews, George F.
1975 *Maya Cities: Placemaking and Urbanization*, University of Oklahoma Press, Norman.

Arnaud, Marie Ch.
1981 Hábitat y sociedad en Alta Verapaz occidental: estudio arqueológico y etnohistórico, *Anales de la Academia de Geografía e Historia*, vol. LV, pp. 51-68, Guatemala.

Ashmore, Wendy (editora)
1981 *Lowland maya settlement patterns*, University of New Mexico Press, Albuquerque.

Ashmore, Wendy y Robert Sharer
1978 Excavations at Quirigua, Gatemala: the ascent of an elite Maya center, *Archaeology*, vol. 31, N° 6, pp. 10-19.

Aveni, Anthony (editor)
1975 *Archaeostronomy in Precolumbian America*, University of Texas Press, Austin.
1977 *Native American Astronomy*, University of Texas Press, Austin.

Ball, Joseph
1977 The rise of the Northern Maya chiefdoms: a socio processual analysis, *The origins of Maya civilization*, pp. 101-132, University of New Mexico Press, Austin.

Ball, Joseph y Andrews, Edward W.
1978 *Preclassic architecture at Becan, Campeche, México*, Middle American Research Institute, New Orleans.

Baradere, Henri (editor)
1833/4 *Antiquités Méxicaines*, 2 vols., Paris.

Barrera Rubio, Alfredo
1977 Exploraciones arqueológicas en Tulum, Quintana Roo, *Boletín Eucady* vol. 4, N° 24, pp. 23-63, Mérida.
1978 *Settlement patterns in the Uxmal area, Yucatán, México*, artículo presentado en la 43 Reunión Anual de la Society for American Archaeology, Tucson.

Baudez, Claude y Becquelin, Pierre
1973 *Archeologie de Los Naranjos, Honduras*, Misión Archaeologique et Etnographique au Mexique, México.

Becker, Marshall
1971 *The identifications of a Second Plaza plan at Tikal, Guatemala and its implications for ancient Maya Social Complexity*, Tesis Doctoral, University of Pennsylvania, Ann Arbor.
1979 Priets, peasants and ceremonial centers: the intellectual history of a model, *Maya Archaeology and Etnohistory*, pp. 3-20, University of Texas Press, Austin.

Becquelin, Pierre y Baudez, Claude
1982   *Toniná, une cité Maya de Chiapas*, vol. III, Misión Archeologique et Ethnologique Francaise, México.

Benavides, Antonio
1981   *Los caminos de Coba y sus implicaciones sociales*, INAH, México.
1981   La distribución del asentamiento prehispánico de Cobá, Quintana Roo: observaciones generales, *Memoria del Congreso Interno*, pp. 83-98, INAH, México.
1981   Cobá, Tulum: adaptación al medio ambiente y control del medio social, *Estudios de cultura maya*, vol. 13, pp. 205-222, México.

Berlin, Enrique
1946   Archaeological excavations in Chiapas, *American Antiquity*, vol. 12, N° 1, pp. 19-28
1953   Archaeological reconnaissance in Tabasco, *Current Reports*, vol. 1, N° 7, pp. 102-135, Carnegie Institution, Washington.

Bernal, Ignacio
1962   *Bibliografía de Arqueología y Etnografía*, Memorias del INAH, México.
1979   *Historia de la Arqueología en México*, Editorial Porrúa, México.

Blom, Frans
1930   Index of Maya ruins, *American Anthropologist*, vol XXXII, pp. 572-574.

Blom, Frans y Oliver La Farge
1926/7 *Tribe and temples: a record of the expedition to Middle America conducted by...*, Tulane University, 2 vols., New Orleans.

Borhegyi, Stephen de
1956   Settlement patterns in Guatemala Highlands, past and present, *Prehistoric settlement patterns in the New World*, pp. 101-106, Viking Fund, New York.
1965   Archaeological síntesis of the Guatemala Highlands, *Handbook of Middle American Indians*, vol. 2, pp. 3-58, Austin.

Brainerd, George
1958   *The archaeological ceramics of Yucatan*, University of California, Anthropological Records 19, Berkeley.

Brown, Kenneth
1980   A brief report on paleoindian archaic occupation in the Quiche Basin, Guatemala, *American Antiquity*, vol. 45, N°2, pp. 313-324.
1982   Prehistoric demography within the central Quiche area, Guatemala, *The historical demography of Highland Guatemala*, pp. 35-47, Institute for Mesoamerican Studies, New York.

Bryant, D. y J. Clark
1983   Los primeros mayas precolombinos de la cuenca superior del río Grijalva, *Antropología e Historia de los Mixe-Zoque y Mayas*, pp. 223-239, UNAM, México.

Bullard, William
1954   Boundary walls and house lots at Mayapan, *Current Reports* N° 13, Carnegie Institution, Washington.
1960   The Maya settlement pattern in Northeastern Peten, Guatemala, *American Antiquity*, vol. 25, N° 3, pp. 355-372.
1965   Ruinas ceremonials mayas en el curso inferior del río Lacantún, *Estudios de cultura maya*, vol. V, pp. 41-51, México.

1970   Topoxte: a postclassic Maya site in Peten, Guatemala, *Monographs and Papers in Maya Archaeology*, pp. 245-308, Harvard University, Cambridge.

Busby, Colin y Mark Johnson
1978   The Abaj Takalik site map, *Contribution of the UCARF* N° 36, Berkeley,

Busch, Alfred (editor)
1982   *The archaeological map of Palenque,* plano.

Carmack, Robert
1973   *Quichean civilization*, University of California Press, Berkeley.
1981   *The Quiches Mayas of Utatlan*, University of Oklahoma Press, Norman.

Carmack, Robert; R. Fox y R. Stewart
1975   *La formación del reino Quiché,* Instituto de Antropología e Historia, Guatemala.

Carr, R.F. y J. E. Hazard
1961   Map of the ruins of Tikal, El Peten, Guatemala, *Tikal Reports* N° 11, pp. 1-26, University of Pennsylvania, Philadelphia.

Cassier, Jacques y Ichon, Alain
1981   The archaeology and ethnology of Utatlan: a conjunctive approach, *American Antiquity*, vol. 46, pp. 323-341.

Castañeda Paganini, Ricardo
1946   *Las ruinas de Palenque*, Edición del autor, Guatemala.

Charnay, Désiré
1863   *Cités et ruines américanes: Mitla, Palenque, Izamal, Chichen Itzá, Uxmal,* 2 vols. Paris.
1888   *The ancient cities of the New World, being voyages and explorations in Mexico and Central America from 1857 to 1888*, New York.

Chase, Arlen
1985   Postclassic Peten interaction spheres: the view from Tayasal, *The Lowland Maya Postclassic*, pp. 184-205, University of Texas Press, Austin.

Chase, Diane
1985   Gauned but not forgotten: late postclassic archaeology and ritual of Santa Rita Corozal, Belize, *The Lowland Maya Postclassic*, pp. 104-125, University of Texas Press, Austin.
1990   The invisible maya, population history and archaeology at Santa Rita Corozal, *Precolumbian population history in the maya lowlands*, University od New Mexico Press, Albuquerque.

Christie, Jessica J.
2003   *Maya palaces and elite residences: an interdisciplinary approach*, University of Texas, Austin.

Clark, John y Thomas Lee
1984   Formative obsidian exchange and the emergence of public economics in Chiapas, Mexico, *Trade and Exchange in Early Mesoamerica*, University of New Mexico, Alburquerque.

Clavijero, Francisco Javier
1945   *Historia antigua de México*, 4 vol., Editorial Porrúa, México.

Coe, Michael
1961   *La Victoria: an early site on the Pacific coast of Guatemala*, Papers of the Peabody Museum, vol. 53, Cambridge.
1965   Archaeological synthesis of Southern Veracruz and Tabasco, *Handbook of Middle American Indians*, vol. III, N°2, Austin.

Coe, William
1965   Tikal: ten years of study of a Maya ruin in the Lowlands of Guatemala, *Expedition*, vol. 8, N° 1, pp. 5-56, Philadelphia.
1967   *Tikal, a handbook of the Ancient Maya Ruins*, University Museum, Philadelphia.
1975   *Tikal: guía de las antiguas ruinas mayas*, The University Museum y Asociación Tikal, Guatemala.

Culbert, T. Patrick y Don Rice (editores)
1990   *Precolumbian population history in the maya lowlands*, University od New Mexico Press, Albuquerque.

Culbert, T. Patrick; L. J. Kosakowsky, R. Fry y W. Haviland
1990   The population of Tikal, Guatemala, *Precolumbian population history in the maya lowlands*, University od New Mexico Press, Albuquerque.

De Bloois, Evan
1970   *Archaeological researches in Northern Campeche,* Department of Sociology and Anthropology, Weber State College, Ogden, Ms.

Demarest, Arthur
1984   Introducción al Proyecto El Mirador de la Harvard University (1982-1983), *Mesoamérica* N° 7, pp. 1-13, Antigua.

Fauvet, Marie-France
1981   El Talpetate: site estrategique du Gran Cauinal, *Cahiers de la RCP-5000*, N° 3, pp. 103-141, París.

Ferdon, Edwin
1953   *Tonala, México: an archaeological survey,* School for American Research, Monographs XVI.

Fletcher, Laraine y James Gann
1995   Calakmul, Campeche: patrón de asentamientos y demografía, *Seis ensayos sobre antiguos patrones de asentamientos en el área maya*, pp. 53-67, UNAM, México.

Folan, William; E. R. Kintz y L. Fletcher
1983   *Coba, a classic maya metrópolis*, Academic Press, Ne York.

Forsyth, Donald
1980   Report on some ceramics from the Peten, Guatemala, *El Mirador, Peten, Guatemala, an interim report*, New World Archaeological Foundation, pp. 59-82, Provo.
1982   Archaeological investigations at Xcalumkin, Campeche, Mexico, *Cerámica de cultura maya*, vol. 12.

Fox, John
1978   *Quiche conquest: centralism and regionalism in Highland Guatemala state formation*, University of New Mexico Press, Albuquerque.
1981   The late Posclassic Eastern frontier of Mesoamerica: cultura innovation among the periphery, *Current Anthropology*, vol.22, N°4, pp. 321-346, Chicago.

1982   Patterns of demographic change in the late postclassic borderland of Highland Guatemala, *The Historical Demography on Highland Guatemala*, pp. 49-64, Institute for Mesoamerican Studies, Albany.

Freidel, David
1978   Maritime adaptation and the rise of the Maya civilitation: the view from Cerros, Belize, *Prehistoric Coastal Adaptations*, pp. 239-273, Academic Press, New York.

Freidel, David y Jeremy Sbloff
1983   *Cozumel: late Maya settlement patterns*, Academic Press, New York.
Freidel, David y Vincent Scarborough
1982   Subsistence, trade and development of the coastal Maya, *Maya subsistence: studies in the memory of Dennis Puleston*, pp. 131-151, Academic Press, New York.

Fuentes y Guzmán, F. A.
1932-3 *Recordación Florida*, 3 vols, Biblioteca Goathemala, vols. 6-8, Sociedad de Geografía e Historia, Guatemala.

Galindo, Juan
1836   The ruins of Copan in Central America, *Transactions of the American Antiquarian Society*, vol. II.

Gamio, Manuel (editor)
1922   *La población del Valle de Teotihuacan*, 3 vols., Secretaría de Hacienda y Crédito Público, México.

Gann, Thomas
1894/5 On explorations of two mounds in British Honduras, *Proceedings of the Society of antiquarians*, vol. 15, pp. 430-434, London.
1900   Mounds in Northern Honduras, *Bureau of American Ethnology, Report 1897/8*, Part 2, Washington.

Gann, Thomas y Mary
1939   *Archaeological investigations in the Corozal District*, British Honduras, Bulletin 123, Smithsonian Institution, pp. 1-66, Washington.
Gann, Thomas y J. Eric S. Thompson
1931   *History of the Maya: from the earliest times to the present day*, New York.

Garduño, Jaime
1979   *Introducción al patrón de asentamiento del sitio de Coba, Quintana Roo*, Tesis Profesional, ENAH, México.

Garcia Moll, Roberto
1975   Primera temporada arqueológica en Yaxchilan, Chiapas, *Boletín del INAH*, N°12, pp. 3-12, México.

Garza, Silvia y Edward Kurjak
1978   El proyecto de Atlas Arqueológico de Yucatán, *XV Mesa Redonda de la Sociedad Mexicana de Antropología*, vol. II, pp. 163-173, Guanajuato.
1980   *Atlas Arqueológico del Estado de Yucatán*, 2 vols., INAH, México.

Geen, Dee y Gareth Lowe
1967   *Altamira y Padre Piedra, early preclassic sites in Chiapas, Mexico*, Papers of the New World Archaeological Foundation N°20, Provo.

Gendrop, Paul
1983   *Los estilos Río Bec, Chenes y Puuc en la arquitectura maya*, UNAM, México.

Gendrop, Paul y Doris Heyden
1975   *Arquitectura Mesoamericana*, Aguilar, Madrid

Gerbi, Antonello
1978   *La naturaleza de las Indias nuevas: de Cristóbal Colón a Gonzalo Fernández de Oviedo*, Fondo de Cultura Económic, México.

González Licón, Ernesto
1984   El uso de los cenotes en la época prehispánica: Xtimcul, Yucatán, un ejemplo, *XVII Mesa Redonda*, Sociedad Mexicana de Antropología, vol. I, pp. 105-115, México.

Gordon, George B.
1896   *Prehistoric ruins of Copan, Honduras*, Memoirs of the Peabody Museum, vol. I, N° 1, Cambridge.
1898   *Researches in the Ulua Valley, Honduras*, Memoris of the Peabody Museum, vol. I, N° 4, Cambridge.

Graham, Elizabeth
1985   Facets of terminal to posclassic activity in the Stam Creek district, Belize, *The Lowland Maya Postclassic*, pp. 215-229, Austin.

Graham, Ian
1967   *Archaeological explorations in El Peten, Guatemala*, Middle American Research Institute, New Orleans.
1970   The ruins of La Florida, Peten, Guatemala, *Monogrphs and papers on maya archaeology*, Peabody Museum, Cambridge.
1975   *Corpus of Maya Hieroglyphic Inscriptions*, vol. 1, Introduction, Peabody Museum, Harvard University, Cambridge.

Graham, J. A, R. F. Heizer y E. Shook
1978   Abaj Takalik 1976: exploratory investigations, *Contributions of the University of California Archaeological Research Facilities* N° 36, Berkeley.

Grunning E.L.
1930   Report on the British Museum expedition to British Honduras 1930, *Journal of the Royal Anthropological Institution*, vol. 60, pp. 477-482, London.

Guthe, Carl
1930   Report on the excavations at Tayasal, *Yearbook* N° 21, pp. 318-319, Carnegie Institution, Washington.

Hammond, Norman
1973   *British Museum-Cambridge University Corozal Project, Interim Report,* Centre for Latin American Studies, Cambridge.
1974   The distribution of late classic major ceremonial center in the central areas, *Mesoamerican Archaeology: new approaches*, University of Texas Press, Austin.
1975   *Lubaantun, a classic Maya realm*, Peabody Museum Monographs 2, Cambridge.
1977   The earliest Maya, *Scientific American* vol. 263, N° 3, pp. 116-132.
1977   Ex oriente Lux: a view from Belize, *The origins of maya civilization*, pp. 157-186, University of New Mexico Press, Austin.
1978   The myth of the milpa: agricultural expansion in the mayas lowlands, *Prehispanic maya agriculture* pp. 23-34, University of New Mexico Press, Albuquerque.

1981   Settlement patterns in Belize, *Lowland Maya Settlement Patterns*, pp. 157-186, University of New Mexico Press, Alburquerque.
1982   *Ancient Maya Civilitation*, Rutgers University, New Brunswick.

Hammond, N., D. Pring, R. Wilk, S. Donaghey, F. Saul, E. Wing, A. Miller y L. Feldman.
1979   The earliest lowland Maya: definition of the Swasey phase, *American Antiquity*, vol. 44, N° 1, pp. 92-110.

Hardoy, Jorge Enrique
1964   *Ciudades precolombinas*, Ediciones Infinito, Buenos Aires.
1968   *Urban planning in Precolumbian America*, Brazillier, New York.
1975   *Precolumbian cities*, Walker and Co., New York.

Harrison, Peter
1972   Precolumbian settlement distribution and external relationship in Southern Quintana Roo: architecture, *XL Congresso Internazionale degli Americanisti*, pp. 371-386, Roma.
1974   Archaeology in Southwestern Quintana Roo, Interim Report, trabajo presentado al XLI Congreso Internacional de Americanistas, Mexico.
1977   The rise of the bajos and the fall of the Maya, *Social Process in Maya Prehistory*, Academic Press, New York.
1978   The Lobil postclassic phase in the Southern interior of the Yucatan Peninsula, *Maya Archaeology and Ethnohistory*, University of Texas Press, Austin.
1981   Some aspects of preconquest settlement in Southeastern Quintana Roo, *Lowland Maya Settlement Patterns*, University of New Mexico Press, Alburquerque.
1983   The Pulltrouser settlement survey and mapping of Kokeal, *Pulltrouser Swamp,* pp. 140-157, University of Texas Press, Austin.

Harrison, Peter y B.L. Turner (editores)
1978   *Prehispanic maya agriculture*, University of New Mexico Press, Alburquerque.

Hartung, Horst
1971   *Die Zeremonialzentren der Maya*, Akademische Druck-u, Verlagsanstalt.

Haseman, G., B. Dixon y J. Yonk
1982   El rescate arqueológico en la zona de embalse de El Cajón: reconocimiento general y regional, 1980-1981, *Yaxkin*, vol. V, Nos. ½, pp. 22-36, Tegucigalpa.

Havilland, William
1965   Prehistoric settlementes at Tikal, Guatemala, *Expedition*, vol. 7, N°3, pp. 15-23, Philadelphia.
1966   *Maya settlement patterns, a critical review*, Middle American Research Institute, New Orleans.
1967   Stature at Tikal, Guatemala: implications for ancient demography and social organization, *American Antiquity* vol. 32, pp. 316-325.
1969   A new population estimate for Tikal, Guatemala, *American Antiquity*, vol. 34, pp. 429-433.
1970   Tikal, Guatemala, and Mesoamerican Urbanism, *World Archaeology*, vol. 2, N°2, pp. 186-198, Londres.
1972   Family size, prehistoric population and the ancient Maya, *American Antiquity*, vol. 37, pp. 186-198, Londres.

Hayden, Brian y Aubrey Cannon
1984   *The structure of material systems: ethnoarchaeology in the Maya highlands*, Society of American Archaeology Papers no. 3, Washington.

Hirth, Kenneth; Gloria Lara Pinto y George Hasemann
1989 *Archaelogical research in the El Cajon region, vol. 1: prehistoric cultural ecology*, Department of Anthropology, University of Pittsburgh Memoirs in Latin Americanm Archaeology no. 1, Pittsburgh.

Hellmuth, Nicholas
1970 *The FLAAR Yaxha Project Report on the first season*, Guatemala, manuscrito.
1971 *Yaxha Project preliminary report on the second season*, FLAAR manuscrito, Guatemala.
1974 *Mapa de las islas de Topoxté y Yaxhá*, Información inédita en el FLAAR, Guatemala.

Henderson, John y Ricardo Agurcia
1982 El proyecto arqueológico Sula: metas, estrategias y resultados preliminares, *Yaxkin*, vol. V, Nos. 1-2, pp. 82/88, Tegucigalpa.

Hester, Thomas
1981 A premilary report of the field season at Colha, Belice, *Revista Mexicana de Estudios Antropológicos*, vol. XXVII, N° 2, pp. 183-192, México.

Hewett, Edgar
1912 The excavations at Quirguá en 1912, *Bulletin of the Archaeological Institute of America,* vol. 3, pp. 163-171.
1936 *Ancient life in Mexico and Central America*, Bobbs-Merril Co, Indianapolis.

Hirth, Kenneth (editor)
1984 *Proyecto de investigación y salvamento arqueológico El Cajón*, INAH, Tegucigalpa.

Hohmann, Hasso y Annegrete Vogrin
1981 *Die architecture von Copan*, Akademische Druck-U, 2 vols., Graz.

Holmes, William
1895/7 *Archaeological studies among the ancient cities of Mexico*, Field Columbian Museum, 2 vols., Chicago.

Humboldt, Alexander von
1810 *Vues des cordilleras et monuments des peoples indigenes de l'Amerique*, Paris.

Ichon, P, P. Uselmann, N. Percheron, M. Bertrand, A. Breton y D. Douzant.
1979 Rabinal et le valle moyanne du rio Chixoy, *Cahiers de la RCP-500*, vol. 1, Paris.
1981 *Rescate arqueológico en la cuenca del río Chixoy: 2, Cauinal,* CNRS-RCP 500, Guatemala.

Johnson, Jay
1985 Postclassic maya structure at Topoxte, El Peten, Guatemala, *The Lowland Maya Posclassic*, pp. 151-165, University of Texas Press, Austin.

Jones, Grant y Prudence Rice
1981 The location of Tayasal: a reconsideration in light of Peten Maya etnohistory and archaeology, *American Antiquity*, vol. 46, N°3, pp. 530-547.

Jones, Morris
1950 Survey and base map of Mayapan, Yucatan, Mexico, *Yearbook*, vol. XLIX, pp. 194-197, Carnegie Institution, Washington.
1951 Survey and base map of Mayapan, Yucatan, Mexico, *Yearbook*, vol. L, pp. 229-230, Carnegie Institution, Washington.

1952 Map of the ruins of Mayapan, Yucatan, Mexico, *Current Reports* N° 1, pp. 2-6, Carnegie Institution, Washington.

Joyce, Thomas
1926 Report on the investigations at Lubaantun, British Honduras in 1926, *Royal Journal of the Royal Anthropological Institute*, vol. 56, pp. 207-230, London.
1928 Report of the British Museum expedition to British Honduras (1928), *Journal of the Royal Anthropological Institute*, vol. 58, pp. 323-350, London.
1929 Report on the British Mueum expedition to British Honduras, 1929, *Journal of the Royal Anthropological Institute*, vol. 57, pp. 295-323, London.

Kidder, Alfred
1973 Notes on the ruins of San Agustín Acasaguastlan, Guatemala, *Contributions to American Archaeology*, N° 15, pp. 107-120, Carnegie Institution, Washington.

Kilmartin, John O.
1924 Report on the surveyed base map at Chichen Itza, Mexico, *Carnegie Institution Year Book* N° 23, pp. 213-217, Washington.
1929 Report on information, *Carnegie Institution Year Book* N° 28, pp. 312-316, Washington.

Kurjak, E.B. y E.W. Andrews V.
1976 Early boundary maintenance in Northwest Yucatan, Mexico, *American Antiquity*, vol. 41, pp. 318-325.

Lee, Thomas
1969 The artifacts of Chiapa de Corzo, Chiapas, Mexico, *Papers of The New World Archaeological Foundation*, N° 26, Provo.
1984 El asentamiento humano precolombino del Valle de Hueyzacatlán, *San Cristóbal las Casas y sus alrededores*, vol. II, pp. 153-159, Tuxtla.

Leventhal, Richard
1981 Settlement patterns in the Southeast Maya area, *Lowland Maya Settlement Patterns*, University of New Mexico Press, Alburquerque.

Lewis, Oscar
1951 *Life in a Mexican village:Tepoztlán,* University of Illinois Press, Urbana.

Liendo Stuardo, Rodrigo
2002 *La organización de la producción agrícola en un centro maya clásico, patrón de asentamiento en la región de Palenque, Chiapas, México*, Serie Arqueología de México, INAH-University of Pittsburgh.

Lincoln, Charles
1979 Izamal, Yucatán, México: un reconocimiento breve, descripción preliminar y discusión, *Boletín Eucady*, N° 80, pp. 112-134, Mérida.

Lizardi Ramos, César
1939 Exploraciones arqueológicas en Quintana Roo, *Revista Mexicana de Estudios Antropológicos*, vol. III, pp. 46-53, México.

Longyear, John
1944 *Archaeological investigations in El Salvador*, Memoirs of the Peabody Museum, vol. IX, N° 2, Cambridge.

Loten Stanley
1985   Lamanai Posclassic, *The Lowland Maya Posclassic*, pp. 85-90, University of Texas Press, Austin.

Lothrop Samuel
1924   *Tulum: a study of the East coast of Yucatan*, Carnegie Institution, Washington.
1933   *Atitlán: an archaeological study of ancient remains on the borders of lake Atitlán, Guatemala*, Carnegie Intitution, Washington.

Lowe, Gareth
1959   *Archaeological exploration of the upper Grijalva river, Chiapas, Mexico*, New World Archaeological Foundation, Orinda.
1975   *The early preclassic Barra phase of Altamira, Chiapas*, New World Archaeological Foundation, Provo.
1977   The Mixe-Zoque as competing neighbours of the early classic Maya art, *The Origins of Maya Civilization,* pp. 197-248, University of Texas Press, Austin.

Lowe, Gareth y J. Alden Mason
1965   Archaeological survey of the Chiapas coast, highlands and upper Grijalva basin, *Handbook of Middle Americans Indians*, vol. 2, pp. 195-236, University of Texas Press, Austin.

Mac Neish, R., J. Wilkerson y A. Nelken-Terner
1980   *First annual report of the Belize archaic archaeological reconnaissance*, Peabody Foundation for Archaeology, Andover.

McBryde, Felix Webster
1947 *Cultural and historical geography of southwest Guatemala*, Smithsonian Institution, Institute of Social Anthropology publ. No. 4, Washington.

Maler, Teobert
1901/3 *Researches in centrl portion of the Usumacinta Valley*, Memoirs of the Peabody Museum II, 1/2, Cambridge.
1908   *Explorations in the Department of Peten, Guatemala and adjacent region: Topoxte, Yaxha, Benque Viejo, Naranjo*, Peabody Museum Memoirs IV-2, pp. 50-127, Cambridge.

Manzanilla, Linda y Luis Barba
1990 The study of activities in classic households, *Ancient Mesoamerica* vol. 1, pp. 41-49.

Marcus, Joyce
1976   *Emblem and state in the classic Maya lowlands*, Dumbarton Oaks, Washington.

Mariscal, Federico
1928   *Estudio arquitectónico de las ruinas mayas, Yucatán y Campeche*, Secretaría de Educación Pública, México.

Marquina, Ignacio
1928   *Estudio arquitectónico de los monumentos arqueológicos de México*, SEP, México.
1939   *Atlas arqueológico de la República Mexicana*, Instituto Panamericano de Geografía e Historia, Publicación 41, México.
1951   *Arquitectura prehispánica*, Memorias N° 1, INAH, México.

Matheny, Ray (editor)
1980   *El Mirador, Peten, Guatemala, an interim report*, New World Archaeological Foundation, Provo.

Matheny, R. T. y D. L. Berger
1971 Investigations in Campeche, México, *Cerámica de cultura maya*, N° 7, pp. 1-15, Temple University, Departament of Anthropology, Philadelphia.

Matheny, R. y Deanne Gurr
1980 Preliminary field report, El Mirador, 1979 season, *El Mirador, El Peten, Guatemala, an interim report*, pp. 1-24, New World Archaeological Foundation, Provo.

Maudslay, Alfred P.
1886 Explorations of the ruins of the site of Copan, Central America, *Proceedings of the Royal Geographical Society* VIII, pp. 568-595, London.
1889/02 *Biología Centrali-Americana: Archaeology*, 4 vols. London.
1899 *A glimpse at Guatemala and some notes on the ancient monuments of Central America*, London.

Matos, Eduardo
1997 *Las piedras negadas, de la Coatlicue al Templo Mayor*, Conaculta, México.

Merwin, R.E y G. Vaillant
1932 *The ruins of Holmul, Guatemala*, Peabody Museum Memoirs, vol. 3, N° 2, Cambridge.

Michels, J.W. y W.T. Sanders
1973 *The Pennsylvania State University Kaminaljuyu Project: 1969-1970 Seasons*, Occasional Papers in Anthropology N° 9, Pennsylvania State University Press, University Park.

Middle American Research Institute
1940 *Archaeological sites in the Maya area*, Middle American Research Institute, 6 mapas, Tulane University, New Orleans.

Miles, Susan W.
1957 Maya settlement patterns: a problem for archaeology and ethnology, *Southern Journal of Anthropology*, vol. 13, pp. 239-248, Alburquerque.

Miller, Arthur
1985 The postclassic sequence of Tancah and Tulum, Quintana Roo, Mexico, *The Lowland Maya Postclassic*, pp. 31-49, University of Texas Press, Austin.

Millet, Luis
1981 Los canales de la costa de Campeche y su relación con la industria de palo de tinte, Ponencia presentada en la *XVI Mesa Redonda de la Sociedad Mexicana de Antropología*, San Cristóbal las Casas.

Millon, Rene
1973 *Urbanization at Teotihuacan, Mexico*, vol. I, The Teotihuacan Map, University of Texas Press, Austin.

Montmollin, Oliver de
1984 Patrón de asentamiento y de comunidad en el sitio El Rosario, Chiapas, México, *XVII Mesa Redonda*, vol. I, pp. 415-422, Sociedad Mexicana de Antropología, México.

Moore, William
1965 Excavation at structure 601-606, *Progress Report on the 1960-4 field seasons*, NGS-Tulane University Dzibilchaltún Program, pp. 29-32, New Orleans.

Moreno de los Arcos, Roberto
1975   La ciencia de la Ilustración mexicana, *Anuario de estudios americanos*, tomo XXXII, pp. 25-41, México.
1981   La Historia Antigua de México de Antonio de Leon y Gama, *Estudios de Historia Novohipana* vol. II, 50-78, México.

Morgan, L. Henry
1880   A study of the houses of the American aborigenes, *Archaeological Institute of North America Annual Report* N°1, pp. 29-80.

Morley, Sylvanus
1920   *The inscriptions at Copan*, Carnegie Institution of Washington, Publ. 219, Washington.
1937/8 *The Inscriptions of Peten*, Carnegie Institution of Washington, Publ. 437, 5 vols., Washington.
1946   *The ancient Mayas*, Stanford University Press, Stanford.
1947   *Los antiguos mayas*, Fondo de Cultura Económica, México.

Muller, Florencia
1959   *Atlas arqueológico de la República Mexicana: Quintana Roo*, INAH, México.
1960   *Atlas arqueológico de la República Mexicana: Campeche*, INAH, México.

Navarrete, Carlos
1959   *A brief reconnaissance in the region at Tonala, Chiapas*, New World Archaeological Foundation, Orinda.
1960   *Archaeological explorations in the region of the Frailesca, Chiapas, México*, New World Archaeological Foundation, Provo.
1966   *The Chiapanec history and culture*, New World Archaeological Foundation Papers, N° 21, Provo.
2000   *Palenque, 1784: el inicio de la aventura arqueológica maya*, UNAM, México.

Nelson, Fred
1973   *Archaeological investigations at Dzibilnocac, Campeche, Mexico*, New World Archaeological Foundation, Provo.

Palacios, Enrique Juan
1928   *En los confines de la selva lacandona: exploraciones en el estado de Chiapas*, Secretaría de Educación Pública, México.

Palerm, Angel y Eric Wolf
1972   *Agricultura y sociedad en Mesoamérica*, Sepsetentas, México.

Parsons, Lee
1967/9 *Bilbao, Guatemala,* Milwaukee Public Museum, 2 vols., Milwaukee Public Museum, 2 vols., Milwaukee.

Pendergast, David
1979   *Excavations at Altun Ha, Belize, 1964-1970,* vol. I, Royal Ontario Museum, Toronto.
1985   Lamanai, Belice: up to date view, *The Lowland Maya Postclassic*, pp. 91-103, University of Texas Press, Austin.

Perigny, Maurice de
1908   Yucatán inconnu, *Journal de la Societé des Américanistes*, vol. V, N° 1, Paris.
1911   *Mission dans l'Amerique Centrale –les ruines de Nancum*, Nouvelles archaeologiques des Missions Scientifiques et Litteraires, vol. IV, pp. 1-15, Paris.

Piña Chan, Román
1967   *Atlas arqueológico de la República Mexicana: Chiapas*, INAH, México.

Pollock, Harry E.D.
1936   *Round Structures of aboriginal Middle America*, Carnegie Institution, Publ. 471, Washington.
1970   Architectural notes on some Chenes ruins, *Monographs and Papers in Maya Archaeology*, pp. 1-35, Peabody Museum, Cambridge.
1980   *The Puuc: an architectural survey of the hill country of Yucatan and Northern Campeche, Mexico,* Peabody Museum, Cambridge.

Pollock, H.E.D. y Gustav Stromsvik
1953   Chacchob, Yucatan, *Current Reports* I-6: 82-101, Carnegie Institution, Washington.

Puleston, Dennis
1974   Intersite areas in the vicinity of Tikal and Uaxactun, *Mesoamerican Archaeology, New Approaches*, University of Texas Press, Austin.
1983   *The Settlement survey of Tikal*, University Museum Monographs N° 48, University of Pennsylvania, Philadelphia.

Rands, Robert
1977   The rise of Maya civilization in the Northwest zone: isolation and integration, *The Origins of Maya Civilization,* University of New Mexico Press, Alburquerque.

Redfield, Robert
1941   *The folk culture of Yucatan*, University of Chicago Press, Chicago.
1944   *Yucatán: una cultura de transición*, Fondo de Cultura Económica, México.

Redfield, R. y Alfonso Villa Rojas
1935   *Chan Kom, a Maya village*, Carnegie Institution, Washington.

Rice, Donald
1974   The archaeology of British Honduras: a review and synthesis, *Occasional Papers in Mesoamerican Anthropology*, N° 6, Museum of Anthropology, Greeley.
1976   Middle preclassic settlement in the central Maya Lowland, *Journal of Field Archaeology*, vol. 3, pp. 425-445.

Rice, Donald y Prudence
1979   Introductory archaeological survey of the central Peten savanna, Guatemala, *Contributions of the UCARF*, vol. 41, pp. 231-277, Berkeley.
1980   The northeastern Peten revisited, *American Antiquity*, vol. 45, N° 3, pp. 432-454.

Rice, Donald y Dennis Puleston
1981   Ancient Maya settlement patterns in the Peten, Guatemala, *Lowland Maya Settlement Patterns,* pp. 121-156, Alburquerque.

Ricketson, O. G. y Franz Blom
1924   *Index of ruins in the Maya area*, Manuscrito en el Peabody Museum, Harvard University, Cambridge.

Ricketson, O. G. y E. B. Ricketson
1937   *Uaxactun, Guatemala, Group E-1926-1931*, Carnegie Institution, Washington.

Ringle, William M. y Wyllis Andrews V
1990 The demography of Komchen, an early maya on in northern yucatan, *Precolumbian population history in the maya lowlands*, University od New Mexico Press, Albuquerque.

Romero Rivera, José Luis
1995 Un estudio del patrón de asentamiento de Comalcalco, Tabasco, *Seis estudios sobre antiguos patrones de asentamiento en el área maya*, pp. 15-26, UNAM, México.

Roys, Lawrence y Edwin Shook
1966 *Preliminary report on the ruins of Ake, Yucatan*, Memoirs of the Society for American Archaeology N° 20, Washington.

Ruppert K, J. E. S. Thompson y T. Proskouriakoff
1955 *Bonampak, Chiapas, Mexico*, Carnegie Institution, Publ. 602, Washington.

Ruppert, Karl y A. Ledyard Smith
1952 Excavations in house mounds at Mayapan, *Current Reports N°4*, Carnegie Institution, Washington.
1957 House types in the environs of Mayapan and Uxmal, Kabah, Sayil, Chichen Itza and Chacchob, *Current Reports* vol. 2, N° 39, Carnegie Institution, Washington.

Ruz Lhuiller, Alberto
1945 *Campeche en la arqueología maya, Acta Antropológica* vol. 1, Nos. 2/3, México.
1969 *La costa de Campeche en los tiempos prehispánicos*, INAH, México.
1981 *El pueblo maya*, Salvat-Fundación Cultural San Jerónimo, México.

Sabloff, Jeremy y William Rathje
1975 *A study of changing pre-columbian commercial systems, The 1972-1973 Seasons at Cozumel, Mexico*, Peabody Museum, monographs N° 3, Harvard University, Cambridge.

Sanders, Williams
1955 An archaeological reconnaissance of northern Quintana Roo, *Current Reports*, vol. II, N° 24, pp. 179-222, Carnegie Institution, pp. 155-164, Washington.
1960 *Prehistoric ceramics and settlement patterns in Quintana Roo, Mexico*, Contributions to American Anthropology and History N° 60, Carnegie Institution, pp. 155-164, Washington.

Sanders, William y John Michels
1977 *Teotihuacan and Kaminaljuyu: a study in culture contact*, University of Pennsylvania Press, University Park.

Sanders, William y Carson Murdy
1982 *Population and agricultural adaptation in the humid highlands of Guatemala*, pp. 23-34, Institute for Mesoamerican Studies, Albany.

Sanders, William y Barbara Price
1968 *Mesoamerica: The evolution of a civilization*, Random House, New York.

Satterthwaite, Linton
1943/54 *Piedras Negras Archaeology: architecture*, University Museum, Philadelphia.

Scarborough, Vernon
1981 *Settlement system in a late preclassic Maya community: Cerros, northern Belize*, Ph.D. Dissertation, University Microfilms, Ann Arbor.
1983 A preclassic Maya water system, *American Antiquity*, vol. 48, N° 4, pp. 720-744.

Schávelzon, Daniel
1979   La urbanización prehispánica, *Vivienda*, vol. I, N° 6, pp. 420-455, México.
1980   La urbanización en América Prehispánica: Análisis de la obra de Gideon Sjoberg, *Boletín del Centro de Investigaciones Históricas y Estéticas,* N° 24, pp. 114-147, Caracas.
1980   Catálogo de planos de sitios arqueológicos de Mesoamérica: informe preliminar, *XVII Mesa Redonda de la Sociedad Mexicana de Antropología,* San Cristóbal las Casas, vol. IV, pp. 327-334, México.
1981   *Planimetría arqueológica de Teotihuacan*, Catálogo de la Exposición, Instituto de Investigaciones Antropológicas, UNAM, México.
1982   Catálogo de planos de sitios arqueológicos de Mesoamérica, *Simposium sobre enseñanza de la geografía en México,* Sociedad Mexicana de Geografía y Estadística, pp. 141-150, México.
1982   Catálogo de planos de sitios arqueológicos de Mesoamérica: informe preliminar, *Boletín de la Escuela de Ciencias Antropológicas*, vol.8/9, N° 48/49, pp. 62-69, Mérida.
1990   *Las ciudades mayas: historia de las teorías sobre su espacio urbano*, Editorial Rescate, Buenos Aires.
1991   *La conservación del patrimonio cultural en América Latina: restauración de edificios prehispánicos en Mesoamérica*, Instituto de Arte Americano, Universidad de Buenos Aires.
2003   La Comisión Científica Francesa a México (1864-1867) y el inicio de la arqueología en América, *Pacarina* vol. 3, no. 3, pp. 313-322, Jujuy.

Schávelzon, Daniel y Victor Rivera Grijalva
1988   La destrucción de Kaminaluyú, Guatemala, *Mesoamérica* vol. 14, pp. 535-551, South Woodstock.

Schele, Linda y Peter Mathews
1998   *The Code of Kings: the lenguage of seven sacerd maya temples and tombs*, Scribner's, New York.

Schnapps, Alan
1997   *The discovery of the past*, Abrams and Co, New York.

Sharer, Robert (editor)
1978   *The prehistory of Chalchuapa, El Salvador*, 2 vols., University of Pennsylvania Press, Philadelphia.

Sharer, Robert, Ch. Jones, W. Ashmore y E. Schortman
1979   The Quirigua project: 1976 season, *Quirigua Reports*, vol. I, N° 5, The University Museum, Philadelphia.

Sheets, Payson D. y colaboradores
1990   Household archaeology at Ceren, El Salvador, *Ancient Mesoamerica* vol. 1, pp. 81-90.

Sheptak, Rusell
1982   Fotos aéreas y el patrón de asentamiento de la zona central del Valle de Sula, *Yaxkin*, vol. V, Nos. 1-2, pp. 89-94, Tegucigalpa.

Shook, Edwin
1952   Lugares arqueológicos del altiplano meridional central de Guatemala, *Antropología e Historia*, vol. IV, N° 2, pp. 3-40, Guatemala.
1965   Archaeological survey of the Pacific coast of Guatemala, *Handbook of Middle American Indians*, vol. 2, pp. 180-194, University of Texas Press, Austin.
1971   Inventory of some preclassic traits in the highlands and Pacific Guatemala and adjacent areas, *Contributions*, N° 11, pp. 70-77, University of California, Berkeley.

Sook, Edwin y William Irving
1955   Colonnaded buildings at Mayapan, *Yearbook*, II-22, pp. 127-167, Carnegie Institution, Washington.

Shook, Edwin y Tatiana Proskouriakoff
1956   Settlement patterns in Mesoamerica and the sequence in the Guatemala highlands, *Prehistoric settlements patterns in the New World*, pp. 93-100, Viking Found, New York.

Shortman, Eduard M.
1980   Archaeological investigations in the lower Motagua valley, *Expedition*, vol. 23, N° 1, pp. 28-34, Philadelphia.

Sidrys, Raymond
1983   *Archaeological excavations in Northern Belize, Central America*, Institute of Archaeology, University of California, Los Angeles.

Sidrys, Raymond (editor)
1978   *Papers on the economy and architecture of the ancient Maya*, Monograph VIII, Institute for Archaeology, University of California, Berkeley.

Siemmens, Alfred y Dennis Puleston
1972   Ridged fields and associated features in Southern Campeche: new perspectives on the lowland Maya, *American Antiquity*, vol. 37, N° 2, pp. 228/239.

Smith, A. Leyard
1929   Report on the Map of Environs of Uaxactún, Carnegie Institution of Washington, *Year Book* 28, pp. 325-327, Washington.
1950   *Uaxactun, Guatemala: excavations of 1931-1937*, Carnegie Institution of Washington, Publ. 588, Washington.
1955   *Archaeological reconnaissance in Central Guatemala*, Carnegie Institution, Washington.
1962   Residential and associated structures at Mayapan, en *Mayapan, Yucatan, Mexico*, Carnegie Institution, Washington.
1965   Architecture of the Guatemala highlands, *Handbook of Middle American Indians*, vol. 2, pp. 26-94, Austin.

Smith, A.L. y A.V. Kidder
1943   Explorations in the Motagua valley, Guatemala, *Contributions to American Anthropology and History* N° 51, Carnegie Institution, Washington.

Smith, A.L. y Karl Ruppert
1956   Excavation in house mound at Mayapan, *Current Report* N° 36, Carnegie Institution, Washington.

Smith, Robert E.
1937   A study of structure A-I complex at Uaxactun, Peten, Guatemala, *Contribution to American Archaeology* 19, Carnegie Institution, Washington.
1950   *Uaxactun, Guatemala: excavations of 1931-1937*, Carnegie Institution, Washington.
1954   Explorations on the outskirts of Mayapan, *Current Reports* II-18, pp 53-69, Carnegie Institution, Washington

Smith, Michael
1991 *Modern maya storage behavoir: ethnohistoric case examples from the Puuc region of Yucatan*, University of Pittsburgh Memoirs in Latin America vol. 3, Pittsburgh.

Spinden, Herbert
1913   *A study of Maya art, its subject matter and historical development*, Peabody Museum Memoirs vol. VI, Cambridge.

Squier, George E.
1855   *Notes on Central America: particularly the states of Honduras and El Salvador*, New York.
1858   *The states of Central America, their geography, climate, population, etc.*, New York.

Stark, Barbara y Lynette Heller
1981   Economía preclásica en El Bálsamo, Guatemala: ideas y evidencias, *Mesoamérica* vol. 2, pp. 189-219, Antigua.

Stephens, John
1839   *Incidents of travel in Central America, Chiapas and Yucatan*, 2 vols, Harper and Brothers, New York.
1843   *Incidents of travels in Yucatan*, 2 vols, Harper and Brothers, New York.

Stone, Doris
1941   *Archaeology of the North Coast of Honduras*, Memoirs, vol. IX, N° 1, Peabody Museum, Cambridge.
1957   *The archaeology of Central and Southern Honduras*, Papers of the Peabody Museum, vol. 49, N° 3, Harvard university, Cambridge.
1972   *Precolumbian man finds Central America*, Peabody Museum Papers, Cambridge.

Stromsvik, Gustav
1946   *Guía de las ruinas de Copán*, Publicaciones de la Secretaría de Educación Pública, Tegucigalpa.

Stromsvik, Gustav; H. E. D. Pollock y H. Berlin
1955   Explorations in Quintana Roo, *Current Reports* N° 23, pp. 169-178, Carnegie Institution, Washington.

Strong, W. A., A. Kidder y A. J. Paul
1938   *Preliminary report on the Smithsonian Institution-Harvard University Archaeological Expedition to Northwestern Honduras*, Smithsonian Intitution, Washington.

Stuart, G., J. Scheffler, E. Kurjak y J. Cottier
1979   *Map of ruins of Dzibilchaltun, Yucatan, Mexico*, Middle American Research Institute, New Orleans.

Taschek, Jennifer y Joseph W. Ball
2003   Nohoch Ek reviseted: the minor center as a manor, *Latin American Antiquity* vol. 14. no. 4, pp. 371-388.

Termer, Franz
1951   Zur archaeologie von Guatemala, *Baessler-Archiv* vol. 14, pp. 167-191, Berlin.
1959   Geografische-archaeologische bemerkungen uber die gegend von Ixpaco in Sudost Guatemala, *Miscelánea Paul rivet*, vol. I, pp. 681-700, UNAM, México.

Thomas, Cyrus
1898   *Introduction to the study of North American Archaeology*, Cincinnati.

Thomas, Prentice
1981   *Prehistoric settlement patterns at Becan, Campeche, Mexico*, Middle American Research Institute, New Orleans.

Thompson, Edward H.
1888   Explorations in Yucatan, *Proceedings of the American Antiquarian Society*, new serial vol. 4, pp. 379-385, Worcester.
1889   *The ruins of Labna*. Manuscrito en el Peabody Museum, Harvard University, Cambridge.
1897   *The Chultunes of Labna*, Peabody Museum, Memoirs vol. 1, N° 3, Cambridge.
1898   *Ruins of Xkichmook, Yucatan*, Field Columbian Museum, Anthropological Series vol. 2, N° 3, Chicago.
1904   *Archaeological researches in Yucatan,* Memoirs of the Peabody Museum vol. III, N° 1, Cambridge.
1915   Recent excavations in Northern Yucatán, *XIX International Congress of Americanists*, pp. 202-205, Washington.

Thompson, Eric
1931   Archaeological investigations in the Southern Cayo District, British Honduras, Field Museum of Natural History, *Anthropological Series*, vol. 17, N° 3, pp. 217-362, Chicago.
1939   *Excavations at San jose, British Honduras,* Carnegie Institution, Washington.
1940   *Late ceramic horizons at Benque Viejo, British Honduras*, Carnegie institution, Washington.
1945   Un vistazo a las ciudades mayas, *Cuadernos Americanos* vol IV, N° 2, pp. 136-149. México.
1948   *An archaeological reconaissance in the Cotzumalguapa region, Escuintla, Guatemala*, Contribution 44, Carnegie Institution, Washington.
1954   *The rise and fall of Maya civilization*, University of Oklahoma Press, Norman.
1957   Tentativa de reconocimiento en el área maya meridional, *Arqueología Guatemalteca*, IDAEH, Guatemala.

Thompson, J. Eric, Harry E. D. Pollock y J. Charlot
1932   *A preliminary study of the ruins of Coba, Quintana Roo, Mexico*, Carnegie Institution, Publication 424, Washington.

Tourtellot, Gair
1970   The peripheries of Seibal: an interim report, *Maya Archaeology*, pp. 405-415, Peabody Museum, Cambridge.

Tozzer, Alfred M.
1911   *A preliminary study of the prehistoric ruins of Tikal, Guatemala, a report of the Peabody Museum Expedition 1909-1911,* Memoirs of the Peabody Museum, vol. V, N° 2, pp. 93-135, Cambridge.
1913   *A preliminary study of the ruins of Nakum, Guatemala*, Memoirs N° 5, Peabody Museum, Harvard University, Cambridge.
1957   *Chichen Itza and its cenote of sacrifices: a comparative study of contemporaneous Maya and Toltec*, Memoirs of the Peabody Museum, vol. 11 y 12, Cambridge.

Tozzer, Alfred y George Vaillant
1931   *The ruins of Holmul, Guatemala*, Memoirs vol. III, N° 2, Peabody Museum, Cambridge.

Turner, B. L.
1978   The development and demise of the swidden thesis of maya agriculture, *Pre-hispanic Maya Agriculture* pp. 13-21, University of New Mexico Press, Albuquerque.

1990 Population reconstruction for the central maya lowlands 1000 bC to aD 1500, *Precolumbian population history in the maya lowlands*, University od New Mexico Press, Albuquerque.

Vaillant, George y R. E. Merwin
1932 *The ruins of Holmul, Guatemala*, Memoirs vol. III, N° 2, Peabody Museum, Cambridge.

Vargas, Ernesto
1978 Los asentamientos prehispánicos y la arquitectura en la isla de Cancún, Quintana Roo, *Estudios de cultura maya* vol. XI, pp. 95-112, México.

Villacorta, Antonio
1930 *Arqueología guatemalteca*, Tipografía Nacional, Guatemala.

Villa Rojas, A.
1934 *The Yaxuna-Coba causeway*, Carnegie Institution, Publ. 436, Contribution 9, Washington.

Vlcek, David
1978 Muros de delimitación residencial en Chunchucmil, *Boletín Eucady* N° 28, pp. 55-64, Mérida.

Voorhies, Barbara
1972 Settlement patterns on two regions of the Southern Maya Lowlands, *American Antiquity*, vol. 37, N° 1, pp. 115-125.

Waldeck, Frederick de
1838 *Voyage pittoresque et arquéologique dans la provence d'Yucatan (Amérique Centrale)*, pedant les années 1834 et 1836, Paris.

Wauchope, Robert
1934 *House mounds at Uaxactun*, Guatemala, Carnegie Institution, Washington.
1938 *modern Maya house: a study of their archaeological significance*, Carnegie Institution, Washington.
1948 *Excavations at Zacualpa*, Middle American Research Institute, New Orleans.
1964 Southern Mesoamerica,*Prehistoric Man in the New World*, pp. 331-386, University of Chicago Press, Chicago.

Webster, David
1974 The fortifications of Becan, Campeche, Mexico, *Middle American Research Records*, N° 31, pp. 123-127, New Orleans.
1976 *Defensive earthworks at Becan, Campeche, Mexico: implications for Maya warfare*, Middle American Research Institute, New Orleans.
1979 *Cuca, Chacchob, Dzonot Ake: three walled northern Maya centers*, Pennsylvania State University, Occasional Papers in Anthropology N° 1, Philadelphia.

Webster, David y Annncorine Freter
1990 The demografy of late classic Copan, *Precolumbian population history in the maya lowlands*, University od New Mexico Press, Albuquerque.

West, R; N. Psuty y B. Thom
1976 La colonización aborigen anterior a la conquista, *Las tierras bajas de Tabasco en el sureste de México*, pp. 103-109, Gobierno del Estado de Tabasco, Villahermosa.

Wetherington, Ronald (editor)
1978   *The ceramics of Kaminaljuyu, Guatemala*, Pennsylvania State University Press, University Press, University Park.

Willey, Gordon
1956   Problems concerning prehistoric settlement patterns in the Maya lowlands, *Prehistoric settlement patterns in the New World*, pp. 107-114, Viking Fund, New York.
1966   Postlude to the village agriculture: the rise of towns and temples and the beginnings of the great traditions, *XXVI Congreso Internacional de Americanistas*, vol. I, pp. 267-277, Sevilla.
1973   *The Altar de Sacrificios excavations: general summary and conclusions*, Peabody Museum, Cambridge.
1977   The rise of classic Maya civilization: a Pasion Valley perspective, *The origins of Maya civilization,* pp. 133-157, University of New Mexico Press, Alburquerque.
1981   Recent researches and perspectives in Mesoamerican archaeology: an introductory commentary, *Supplement to the H.M.A.I*, pp. 3-27, University of California Press, Austin.
1981   Maya lowland settlement patterns: a critical summary review, *Lowland Maya settlement patterns*, pp. 385-415, University of New Mexico Press, Alburquerque.

Willey, Gordon y William Bullard
1965   Prehistoric settlement patterns in the Maya lowlands, *Handbook of Middle American Indians*, vol. 2, Austin.

Willey, Gordon; W. Bullard, J. Glass y J. Gifford
1965   *Prehistoric settlements in the Belize Valley*, Papers of the Peabody Museum, vol. 54, Harvard University, Cambridge.

Willey, Gordon y Richard Leventhal
1979   Prehispanic settlement patterns at Copan, *Maya Archaeology and Ethnohistory*, pp. 76-102, University of Texas Press, Austin.

Willey, Gordon y Jeremy Sabloff
1974   *A history of American archaeology*, Freeman and Company, San Francisco.

Willey, Gordon y A. Ledyard Smith
1969   *The ruins of Altar de Sacrificios, Dept. of Peten, Guatemala: introduction; the site and its settings*, Memoirs of the Peabody Museum N° 13-1, Cambridge.

Wurster, Wolgang
1992 Maya-architektur auf der insel Topoxte in see von Yaxha, Peten, Guatemala, *Beitrage zur allgemeinen und vergleichenden archaologie* vol. 12, pp. 261-302, Bonn.

Yde, Jens
1938   *An archaeological reconnaissance of Northwestern Honduras,* Middle American Research Institute, New Orleans.

X

Indice y origen de las ilustraciones

1.
Palenque, dibujado en 1785 por Antonio Bernasconi, tomado de: Ricardo Castañeda Paganini, *Las ruinas de Palenque: su descubrimiento y primeras exploraciones en el siglo XVIII,* edición del autor, Guatemala, 1945; pag. 38

2. a
Llanos de Currusetté (La Sierra), tomado de: R. A. Steinmayer, *A reconnaisssance of certain mounds and relics in Spanish Honduras*, Department of Middle American Research, Tulane University, New Orleans, 1932; pag. 9

2.b
La Sierra, plano publicado por: John Henderson, I. Sterns, A. Wonderly y P. Urban, Archaeological investigations in the valley of Naco, Honduras, *Journal of Field Archaeology* vol. 6, pp. 169-192, 1979; fig. 6

3.
Chichen Itza, reproducido de: Wiliam Holmes, *Archaeological studies among the ancient cities of Mexico*, Field Columbian Museum, vol.1, Chicago, 1895/97; lam. XVII

4.
Chichen Itza, mapa impreso en 1942 por la Carnegie Institution of Washington, mapeos de J. P. O´Neill y J. O. Kilmartin; acompaña a su publicación no. 454, figura 350

5.
Yaxchilán, plano de 1897 y 1900 levantado por Teobert Maler, publicado por: Gerdt Kutscher, *Bauten der maya*, Monumenta Americana vol. IV, Gebr. Mann Verlag, Berlín, 1971, lámina IV

6.
Yaxchilán, plano publicado por: Sylvanus Morley, *The inscriptions of Peten*, Carnegie Institution, vol. V, parte 2, lam. 201, Washington, 1937

7.
Tikal, plano del área central hecho por Teobert Maler, pubicado por: Gerdt Kutscher, *Bauten der maya*, Monumenta Americana vol. IV, Gebr. Mann Verlag, Berlin, 1971, lámina 36

8.
Tikal, área central, plano de Raymond Merwin, publicado por: Sylvanus Morley, *The inscriptions of Peten*, Carnegie Institution, vol. V, parte 2, Washington, 1937; lam. 188

9.a
San Clemente, plano de: Karl Sapper, The old indian settlements and architectural structures in northern Central America, *Smithsonian Institution Annual Report*, pp. 537-555, Washington,1895

9.b
San Clemente, plano de Frans Blom (1928) publicado por: Sylvanus Morley, *The inscriptions of Peten*, Carnegie Institution, vol. V, parte 2, Washington, 1937; lam. 207a

9.c
San Clemente, plano reproducido de: Percy Madeira, An aerial expedition to Central America, *University of Pennsylvania Museum Journal* vol. 22, no. 2, pp. 95-153, Philadelphia, 1931

9.d
San Clemente, plano reproducido de: Oscar Quintana Samayoa, Sitios mayas menores en el noroeste del Petén, Guatemala; un programa regional de rescate del Proyecto Triángulo Yaxhá, Nakum y Naranjo, *Beitrage zur Allgemeinen un Vergleichenden Archaologie*, tomo 16, pp. 227-262, Mainz, 1996; fig. 260

10.
Piedras Negras, plano publicado por: Linton Satterthwaite, *Piedras Negras Archaeology: architecture*, parte 1, University Museum, Philadelphia, 1943-54; fig. 3

11. a
Mayapán, plano publicado por: Morris R. Jones, Map of the ruins of Mayapan, Yucatan, Mexico, *Current Reports* N° 1, pp. 2-6, Carnegie Institution, Washington, 1952

11. b
Mayapán, sector central del plano 11.a

12. a
Lubaantun, plano de Thomas Gann, reproducido de:The ancient mounds of northern Honduras and the adjanct parts of Yucatan and Guatemala, *Journal of the Anthrpological Institute* vol. 35, pp. 72-87, Londres, 1905; fig. 1

12.b
Lubaantun, plano de Thomas A. Joyce, publicado por él en: Report on the investigations at Lubaantun, British Honduras in 1926, *Journal of the Royal Anthropological Institute*, vol. 56, pp. 207-230, Londres, 1926

12.c
Lubaantun, plano publicado por: Norman Hammond, *Lubaantun, a classic maya realm*, Peabody Museum Monographs no. 2, Peabody Museum, Cambridge, 1975; figura 21

13.
Tikal, publicado por: R. F. Carr y J. E. Hazard, *Map of the ruins of Tikal, El Peten, Guatemala*, Tikal Reports N° 11, pp. 1-26, University of Pennsylvania, Philadelphia, 1961

14.
Tikal (área central), plano reproducido de R. F. Carr y J. E. Hazard, *Map of the ruins of Tikal, El Peten, Guatemala*, Tikal Reports N° 11, pp. 1-26, University of Pennsylvania, Philadelphia, 1961; plano 5

15.a
Tikal, Acrópolis Central, plano publicado por: George F. Andrews, *Maya Cities: Placemaking and Urbanization*, University of Oklahoma Press, Norman, 1975; figura 13

15. b
Tikal, Acrópolis Norte, en: William R. Coe, *Tikal, guía de las antiguas ruinas mayas*, The University Museum, University of Pennsylvania, Philadelphia, (coedición con Asociación Tikal, Guatemala)1975, pag. 42

16.
Alrededores de Uaxactún, plano reproducido de: Dennis Puleston, Intersite areas in the vicinity of Tikal and Uaxactun, *Mesoamerican Archaeology, New Approaches*, University of Texas Press, Austin, 1974; fig. 2

17.
Yaxhá, plano reproducido de: Nicholas Hellmuth, *Calles y complejos de edificios cuadrangulares asociados a un sitio maya: Yaxha, El Peten; reporte de la 4ta. Temporada*, FLAAR, copia mecanoescrita 6 pags y plano, Guatemala, 1974

18. a
Nohmul, plano topográfico, Normann Hammond, Settlement patterns in Belize, *Lowland maya settlement patterns* (W. Ashmore, editora), University of New Mexico Press, Albuquerque, 1981; fig. 7.2

18.b
Nohmul, plano rectificado, Normann Hammond, Settlement patterns in Belize, *Lowland maya settlement patterns* (W. Ashmore, editora), University of New Mexico Press, Albuquerque, 1981; fig. 7.1

19.
Sayil (parcial), plano reproducido de: Jeremy A. Sabloff y Gair Tourtellot, *The ancient maya city of Sayil: the mapping of a Puuc region center*, Middle America Research Institute, publicación 60, New Orleans, 1991; sección "Miguel"

20.
Topoxté, plano de Teobert Maler, publicado por: Gerdt Kutscher, *Bauten der maya*, Monumenta Americana vol. IV, Gebr. Mann Verlag, Berlín, 1971; lámina 10

21.
Topoxté, plano reproducido de: Wolfgang Wurster, Maya-architektur auf der insel Topoxte in see von Yaxha, Peten, Guatemala, *Beitrage zur allgemeinen und vergleichenden archaologie* vol. 12, pp. 261-302, Bonn, 1992; lam. 23

22.
Xcochkax-centro, plano tomado de: Pierre Becquelin y Dominique Michelet, Demografía en la zona Puuc, el recurso del método, *Latin American Antiquity* vol. 5, no. 4, pp. 289-311, 1994, figura 5